Aku Maku ...

42 irakische Märchen

Erzählt von
Chadidscha Hassan und Najim A. Mustafa
mit Illustrationen von
Ruth Aufsfeld und Christina Gartz

W0236096

vmn
Verlag M. Naumann

Dieses Buch widme ich

der Stadt Hanau, die uns ein Zuhause gab,

den in Hanau geborenen Märchensammlern Jacob und Wilhelm Grimm, deren Rumpelstilzchen mich in englischer Sprache bereits als kleiner Junge begleitete,

meiner Großmutter Chadidscha Hassan für ihre liebevolle Art und Weise des Märchenerzählens — obwohl sie nie Rosinen besaß …

und meiner Frau Krystyna, die die Märchen sehr oft von mir hörte und mich ermutigte, sie niederzuschreiben.

Najim A. Mustafa

Copyright by
Verlag M. Naumann, vmn, Hanau,
und Najim A. Mustafa, 2014
Druck: Aalexx Buchproduktion GmbH, Großburgwedel

ISBN 978-3-943206-22-7

1. Auflage 2014

Bibliografische Information der Deutschen Nationalbibliothek
Die Deutsche Nationalbibliothek verzeichnet diese Publikation in
der Deutschen Nationalbibliografie; detaillierte bibliografische Daten
sind im Internet über http://dnb.ddb.de abrufbar.

Bildnachweis
Ruth Aufsfeld: Seiten 24, 29, 30, 34, 54, 59, 63, 70, 73, 76, 80, 82, 85, 87, 91,
113, 117, 119, 122, 124, 126, 134, 135, 144
Christina Gartz: Titel, Seiten 13, 15, 17, 18, 21, 26, 27, 36, 39, 43, 45, 49, 60, 66,
95, 100, 109, 128, 138

Lektorat/Redaktion: Martin Hoppe

Mit freundlicher Unterstützung des Fachbereichs Stadtentwicklung und
Bürgerservice der Stadt Hanau.

Inhalt

Vorwort

Über 200 Jahre ist es her, dass die 1785/86 in Hanau am Paradeplatz, dem heutigen Freiheitsplatz, geborenen Universalgelehrten Jacob und Wilhelm Grimm ihre Sammlung der Kinder- und Hausmärchen veröffentlichten. Bruder Ludwig Emil Grimm erblickte 1790 in der Langstraße das Licht der Welt und zeichnete später einige der schönsten Märchenillustrationen.

Neueste Forschungen belegen, dass viele der »typisch deutschen« Erzählungen in der 1812 vorgelegten Sammlung hugenottischen Ursprungs sind; unter anderem beigetragen von Marie Hassenpflug, deren Familie mit französischem »Migrationshintergrund« von 1789 bis 1799 am Neustädter Markt wohnte. Viele der Erzählungen finden sich bereits in den Werken von Giambattista Basile und Charles Perrault aus dem 17. Jahrhundert. Märchen waren und sind eine international bedeutende Erzähl- und Literaturgattung.

In der Brüder-Grimm-Stadt Hanau leben heute Menschen aus über 130 Nationen. Viele von ihnen wuchsen mit den Grimm'schen Märchen auf oder Großeltern und Eltern erzählten Geschichten aus ihren jeweiligen Kulturkreisen.

Es freut mich deshalb sehr, dass der seit 1983 in seiner Wahlheimat Hanau lebende Iraker Najim A. Mustafa unserer Stadt ein besonderes Geschenk gemacht hat: diese bedeutende Sammlung irakischer Märchen, die er einst von seiner Großmutter Chadidscha Hassan vermittelt bekam.

Die Illustrationen von Ruth Aufsfeld und Christina Gartz, Studentinnen der Staatlichen Zeichenakademie

Hanau – auch Ludwig Emil Grimm lernte an der Akademie sein Handwerk-, versetzen uns wunderbar in die Welt der orientalischen Erzählungen.

Najim A. Mustafa bewegt sich mit seiner Sicherung von Kulturgut als Hanauer Bürger somit auf den Pfaden der berühmten Hanauer Märchensammler. Ich hoffe sehr, dass mit dieser dankenswerten Initiative Vertreterinnen und Vertreter anderer Nationalitäten in unserer Stadt ermutigt werden, ihre traditionellen Märchen ebenfalls zu verschriftlichen.

Claus Kaminsky
Oberbürgermeister der
Brüder-Grimm-Stadt Hanau

Einleitung

Meine Großmutter Chadidscha war eine wundervolle Märchenerzählerin. Nach jedem Märchen erwähnte sie in Sinnsprüchen »drei Säcke voll Rosinen«. Gesehen hatte ich die getrockneten Früchte als Kind aber leider nie.

Viele Jahre vergingen, bis ich in einer kleinen Stadt in der Nähe von Nürnberg ein unerwartetes Geschenk erhielt: Am Ende einer rund zweistündigen Märchenlesung traten einige Damen unterschiedlicher Nationalitäten an mich heran und bedankten sich. Eine deutsche Frau, Tränen in den Augen, sagte: »Herr Mustafa, ich finde, dass Sie von Ihrer Großmutter wirklich ungerecht behandelt wurden.« Verdutzt antwortete ich: »Warum denn?« »Weil sie Ihnen nie die Rosinen gab, von denen sie sprach! Und daher schenke ich Ihnen heute drei kleine Säcke voll Rosinen!« Die Begegnung bleibt für immer in meinem Gedächtnis – wie die Märchen selbst.

Anfang 1963, einige Monate nachdem ich zum Studium nach Heidelberg gekommen war, wollte ich meine deutschen Sprachkenntnisse verbessern. Ich dachte, dass ich mir zu diesem Zweck ein Buch über irakische Märchen in deutscher Sprache kaufen könnte. Doch welch Überraschung: Ich fand keines, noch nicht einmal über den Irak! So entschloss ich mich, die von meiner Großmutter erzählten Märchen selbst niederzuschreiben und damit der Nachwelt zu erhalten, insgesamt etwa 90 Stück.

Der erste Band mit 30 irakischen Märchen erschien im Jahre 2001 unter dem Titel »Drei Säcke voll Rosinen« im Gabriel Verlag/Wien. Das Buch ist mittlerweile vergriffen; es gewann 2002 den Rattenfänger-Literaturpreis der Stadt Hameln.

Der nun vorliegende zweite Märchenband enthält weitere 42 Märchen. Die Märchen, die mir Chadidscha weitergab, hatte sie bereits von ihren Eltern und Großeltern, Bekannten und Verwandten gehört. In ihnen werden vielfältige Spuren der Geschichte über Jahrtausende sichtbar, die von Mesopotamien bis in die islamische Zeit führen: Sie handeln von Geistern und Dämonen, einfachen Leuten aus dem Volk, modernen städtischen Milieus oder fallen in die Rubrik Schelmengeschichten.

Wer als deutsche Leserin oder deutscher Leser in den Erzählungen tiefe Wälder, verwunschene Zitadellen oder ausführliche Beschreibungen der menschlichen Charakterzüge erwartet, wie man es etwa von den Grimm'schen Märchen kennt, wird dies in den irakischen Erzählungen vergeblich suchen. Es werden Ihnen aber sicher einige Motive aus der europäischen Märchentradition bekannt erscheinen. Märchen sind international!

Ich danke sehr den jungen Studentinnen der Staatlichen Zeichenakademie Hanau Ruth Aufsfeld und Christina Gartz für ihre wunderschönen Illustrationen und Martin Hoppe vom Fachbereich Stadtentwicklung und Bürgerservice der Stadt Hanau für vielerlei Hilfen beim Zustandekommen dieses Buches. Dem Magistrat der Stadt Hanau, die mir Heimat wurde, und ihrem Oberbürgermeister Claus Kaminsky danke ich herzlich für die finanzielle Unterstützung, die Märchensammlung in der Geburtsstadt der Brüder Grimm veröffentlichen zu können.

Najim A. Mustafa

Soll ich Dir zeigen:
Einen Garten, der in Deinem Ärmel sein kann?
Eine Wiese auf Deinem Schoß?
Einen sprechenden Toten, einen beredten Stummen?
Einen, der zu Dir spricht, wenn Du es willst,
und der sich zurückzieht, wenn er Dich langweilt?
Dann: Greife zu einem Buch!

Aus dem Arabischen

Dschindschil und Dschanadschil

Aku Maku ...
Es war einmal, und es war viel. Vertrau auf Gott.

Es war einmal eine Gazelle, die lebte mit ihrem Sohn Dschindschil und ihrer Tochter Dschanadschil in einer Grotte, inmitten von grünem Gras, klarem Wasser und sehr hohen Bäumen. Die Gazelle hatte große Angst um ihre Kinder und ließ sie deshalb nie alleine. Jeden Morgen ging sie hinaus, um leckeres Gras und reines Wasser für ihre Kinder zu finden. Immer wieder sagte sie ihren Kindern, sie dürften nie irgend jemandem die Türe öffnen. Denn eine Hexe pflegte im Wald umher zu streifen und schwache Lebewesen zu fressen, die wehrlos waren, und die Gazellenmutter fürchtete, die Hexe könnte ihre Kinder fressen. Immer wenn die Mutter zu ihrer Hütte zurückkehrte, klopfte sie an die Türe und sprach: »Dschindschil und Dschanadschil, öffnet die Türe für eure Mutter, die auf ihren Hörnern das Heu trägt, in ihrem Mund das reine Wasser und im Euter die Milch hat.«

Daraufhin drehte Dschindschil den Schlüssel einmal herum, bis er ein deutliches Klicken hörte, dann drehte Dschanadschil ihn noch einmal, bis auch sie ein deutliches Klicken hörte und sie öffneten gemeinsam die Türe, wie sie es von ihrer Mutter gelernt hatten. Glücklich und zufrieden lebten die Kinder mit ihrer Mutter zusammen, die ihnen immer Märchen erzählte. Bei Sonnenuntergang gingen sie schlafen, um früh Morgens wieder zu erwachen, voll Glückseligkeit und Freude.

Eines Tages ging die Mutter wieder aus und wies ihre

Kinder an, niemandem die Tür zu öffnen und den Schlüssel zwei Mal umzudrehen. Nachdem sie sich versichert hatte, dass die Kinder taten, wie ihnen aufgetragen, sprang sie zufrieden und freudig in den Wald, um ihnen Gras, Wasser und Milch zu bringen. Die Hexe aber beobachtete an jenem Morgen die kleine Grotte und als sie sicher war, dass die Mutter in den Wald gegangen war, klopfte sie an die Türe und sprach mit rauher Stimme:

»Dschindschil und Dschanadschil macht die Tür für eure Mutter auf. Sie hat auf ihren Hörnern das Gras, in ihrem Mund das reine Wasser und in ihrem Euter Milch.« Die beiden Kinder erkannten aber an der Stimme, dass es nicht ihre eigene Mutter war, sondern die Hexe und antworteten: »Du bist nicht unsere Mutter, wir öffnen dir nicht die Tür!« Da warf sich die Hexe mit ihrem schweren Körper und all ihrer Kraft gegen die Tür, aber vergebens!

Die Hexe dachte nach und nach und lief zurück zu ihrer Höhle. Dort trank sie etwas Süßes, damit ihre Stimme einen süßeren Klang bekam. Dann rannte sie wieder zur Grotte der Gazellen, klopfte und rief mit süßer, sanfter Stimme: »Dschindschil und Dschanadschil, öffnet die Tür für eure Mutter! Denn sie hat auf ihren Hörnern das Gras, in ihrem Mund das reine Wasser und in ihrem Euter Milch.« Dschindschil zögerte, die Tür aufzumachen, aber Dschanadschil eilte sich, sie zu öffnen. Dschindschil sagte zu ihr: »Dschanadschil, mach die Tür nicht auf, das ist nicht die Stimme unserer Mutter, sie klingt wie die Stimme der Hexe!« Dschanadschil aber lachte ihn aus und antwortete: »Hat Dich die Hexe so sehr in Angst versetzt, dass Du die Stimme unserer Mutter für die der Hexe hältst?« Sie drehte den Schlüssel nur einmal und verlangte von

ihrem Bruder, ihn zum zweiten Mal zu drehen. Er aber zögerte nochmals. Dschanadschil lachte ihn wieder aus wegen seiner Angst und das veranlasste ihn, die Türe doch zu öffnen. Blitzschnell stürzte die Hexe ins Innere der Grotte und verschlang zuerst den Sohn und dann die Tochter.

Eine Krähe hatte das Geschehen von einem Baum in der Nähe aus beobachtet. Sie flog schnell weg, um die Gazelle zu suchen. Sie suchte eine lange Zeit, bis sie sie schließlich fand und erzählte ihr die ganze Geschichte. Wütend rannte die Mutter zu ihrer Hütte zurück, schneller als die Krähe fliegen konnte und kam gerade rechtzeitig, bevor sich die Hexe auf den Weg machen konnte. Der Bauch der Hexe war so schwer gefüllt mit Dschindschil und Dschanadschil, dass sie sehr träge war und ihr das Laufen schwer fiel, deshalb war sie noch nicht weit von der Hütte entfernt, als die Gazelle sie erreichte. »Du hast meine Kinder gefressen! Du hattest kein Erbarmen mit ihnen, der Blüte ihrer Jugend und meinem Kummer. Komm, Hexe, lass uns einander mit den Hörnern stoßen!«

Die Hexe ließ sich auf den Kampf ein, war sie doch überzeugt, als Siegerin daraus hervor zu gehen.

Damit die Gazelle auf dem glitschigen Boden ausrutschen sollte, entleerte die Hexe listig ihren Darm auf dem Kampfplatz, und es begann ein heftiges Stoßen zwischen den beiden. Von Wut und Hass entbrannt kämpfte die Gazelle, während die Hexe es aus Gier und Gefräßigkeit tat. Als die Hexe siegte, öffnete sie ihr Maul, um auch die Mutter zu verschlingen, doch die Gazelle protestierte: »Das Stoßen war nicht makellos und ehrlich, denn Du hast absichtlich Deinen Darm entleert, damit ich rutsche, und das ist nicht fair.«

Während die Hexe protestierte, bestand die Gazelle auf ihrer Sichtweise, und so beschlossen sie, die Krähe als Schiedsrichter zu bestimmen. Die Krähe bezeugte, dass die Hexe die Spielregeln nicht achtete, indem sie das Kampffeld rutschig und unbrauchbar machte und verlangte, den Kampf noch einmal aufzunehmen. Ehe das Ringen erneut begann, sammelte die Gazelle ihre ganze Kraft, denn sie wollte von ganzem Herzen ihre Kinder wieder bekommen. So stieß sie die blutrünstige Hexe stark in den Bauch – zwei, drei Mal – bis sich ein großer Schnitt öffnete und Dschindschil und Dschanadschil fröhlich spielend heraussprangen. Die Gazelle nahm ihre beiden Kinder in die Arme und küsste sie, die böse Hexe aber starb auf der Stelle. Stolz auf ihre starken Hörner, ging die Gazelle zu einem Schmied, um sich einen Ring fertigen zu lassen, den sie an ihren Finger steckte. Sie wiederholte ihren Kindem, nie mehr die Türe zu öffnen, wenn sie nicht den Ring an ihrem Finger durch das Schlüsselloch sehen könnten.

Und läge mein Haus in der Nähe von Deinem, hätte ich drei Säcke voll Rosinen mitgebracht, den ersten für die Frau, die Dich beschneiden ließ, den zweiten für die Frau, die den Sohn des armen Abds zum Beschneidungsfest eingeladen hat und den dritten für die Frau, die nie zulassen wird, dass Du mit der Sichel nochmals beschnitten wirst.

14

Der Zwölfte

Aku Maku ...
Es war einmal und es war viel.
Gott verleihe dem Sultan den Sieg.

Es war einmal ein König, dem Gott nach elf Kindern einen Sohn schenkte. Er freute sich sehr über ihn und nannte ihn den Zwölften. Eines Tages aber lag der alte König im Sterben und rief nach seinem Sohn, dem er befahl: »Hebt meinen Körper auf ein Kamel und begrabt mich genau dort, wo das Tier stehen bleibt.« Genau so wie der Vater verlangte, wurde es getan. Aber da es dunkel wurde, brauchten sie Licht, um den toten König zu begraben. Da sah der Zwölfte von Ferne ein Feuer, lief in die Richtung des Lichtes und fand einige Zelte mit Beduinen, die ihn willkommen hießen.

Die Beduinen erzählten ihm: »Unser König ist krank vor Kummer, weil ein Dämon seine Tochter entführt hat. Eine Zauberfrau, bei der wir Rat suchten, hat prophezeit, dass ein fremder Reiter kommen wird, um die Prinzessin zu retten.« Die Beschreibung der Zauberin passte genau auf den Zwölften, und so versprach ihnen der Prinz voll guten Willens, wieder zu kommen, nachdem er seinen Vater begraben hätte, nahm das Feuer mit sich und ging.

Einen Mond später kehrte er wie versprochen zurück und ging in das Dämonenland, um das Mädchen zu retten. Er fand einen großen Palast, in dem sie zusammen mit dem Dämonen wohnte. Als er sich umsah, fand er das Mädchen in einem Zimmer der ersten Etage, den Dämon schlafend auf ihrem Schenkel. Da bewegte sich der Zwölfte ganz leise, um ihn im Schlaf zu töten. Aber das Mädchen klagte: »Es ist nutzlos, ihn auf diese Art und Weise töten zu wollen, denn seine Seele ist außerhalb seines Körpers. Der Dämon hat seine Seele in drei Würmer gelegt, die in einer räudigen Gazelle im Wald leben.«

Da ging der Zwölfte auf die Suche nach der Gazelle und suchte sehr, sehr lange, bis er sie endlich fand. Es war ihm ein leichtes, sie zu töten. Dann brach er ihre Hörner ab und zerrieb die heraus kriechenden drei Würmer in seiner Handfläche. Auf der Stelle starb der Dämon und das Mädchen war frei. Die beiden verlie-

ßen miteinander den Palast des toten Dämons, reich beladen mit Perlen, Edelsteinen und Gold und ritten zu den Beduinen, die sehr glücklich waren sie zu sehen. Ihr König, der Vater des Mädchens, wurde wieder gesund und gab seine Tochter dem Zwölften zur Frau. Er wurde an seines Vaters statt dem wartenden Volk ein edler König und das ganze Land war stolz auf ihn und seine gute Königin.

»Wir waren bei Euch, nun sind wir zurück«, schloss Chadidscha, »und läge mein Haus in der Nähe von Deinem, hätte Ich drei Säcke voll Rosinen mitgebracht, den ersten für die Frau, die ein neues Haus kaufen will, den zweiten für die Frau, in deren neuem Haus vier Dattelpalmen sind, und den dritten für die Frau, die kein Haus kaufen wird, wenn es keine Wasserquelle für Dich hat.

Die drei Gurken

Aku Maku ...
Es war einmal, und es war viel.

Es war einmal ein König, der sehr unglücklich und bekümmert war, obwohl er ein großes und weites Reich besaß, weil seine Frau ihm keinen Sohn gebar, der nach ihm auf dem Thron sitzen würde. Seine Frau flehte Gott seit langem an, ihr einen Sohn zu schenken – einen Sohn, auf den sich das königliche Haus mit sehr viel Freude und Glückseligkeit vorbereiten würde. Sie legte ein Gelübde ab, zwei Bäche anzulegen, einen von Honig und einen von Öl, wenn ihr ein Sohn geschenkt würde. Und siehe da, Gott hörte ihr Versprechen und erfüllte ihren sehnlichsten Wunsch – sie gebar einen schönen und kräftigen Sohn.

Die Geburt des Sohnes beglückte nicht nur das Herz des Vaters, sondern das ganze Volk. Während der Junge größer und größer wurde, hatte die Mutter ihr Gelübde längst vergessen. Immer und immer kehrte in des Jungen Schlaf der gleiche Traum wieder, in dem ihm ein alter, weiser Mann erschien, der ihn ermahnte, dass seine Mutter ihr Gelübde erfüllen müsse. In seinem letzten Traum sah der Alte bereits sehr verärgert aus, als er von der Mutter des Prinzen sprach und verlangte, ihr Gelübde nun endlich in die Tat umzusetzen. Der Junge erzählte seiner Mutter den Traum, und daraufhin erinnerte sie sich an ihr Versprechen und ließ sofort zwei Bäche von Honig und Öl anlegen. Schnell eilten die Frauen der Stadt herbei, um ihre Krüge damit zu füllen. Eine große Menge von Leuten kam und es gab ein großes Getöse und viel Geschrei um die zwei Bäche herum, wie am Jüngsten Tag.

Da der Königssohn wegen der übergroßen elterlichen Liebe und Verzärtelung aber verwöhnt und unaufmerksam war, warf er einen Stein auf den Krug einer alten Frau. Er zerbrach in lauter Scherben und der Honig floß heraus. Unglücklicherweise war die Frau eine Hexe, die sehr böse wurde und den Jungen verwünschte, er solle sich heftig in drei Gurken verlieben. Der Pfeil der Liebe traf ihn unvermittelt und ließ ihn innerlich sofort blind werden. Plötzlich wollte er lieber heute als morgen auf die Suche nach den drei Gurken gehen, weil er das Gefühl hatte, ohne sie nicht mehr weiterleben zu können. Sein Vater willigte ein und gab ihm mit, was er auf seiner langen, mühsamen Reise benötigte. Der König versuchte seinen Kummer und seine Sorgen über die Zauberei zu unterdrücken, die seinen Sohn überkam und so machtlos erscheinen ließ. Also verabschiedete sich der Prinz von seinen Eltern mit der Hoffnung – und von Hoffnung lebt der Mensch – dass er bald mit dem zurückkehren würde, was er sich so sehr wünsche.

Nach einer langen Weile näherte er sich einer Hütte inmitten eines Waldes, wo ein alter Mann lebte. Der Greis bat ihn, ihm seine Geschichte zu erzählen und der Prinz sprach zu ihm von seiner tief verwurzelten Liebe zu den drei Gurken. Aus Mitleid und Liebe händigte ihm der Alte einen Ring aus und sagte zu ihm: »Wenn Du in den Wald kommst, wo die drei Gurken wachsen, musst Du den Ring reiben, dann erscheint Dir eine überaus schnelle Stute, die Du gegen Dein Pferd tauschen sollst. Mit dieser Stute wirst Du schneller an den Ort gelangen, wo Du die drei Gurken pflücken kannst.« Der Prinz dankte ihm aus tiefem Herzen und ritt weiter.

Am Wald angelangt, folgte er dem Rat des Alten,

ritt in den Wald hinein, rieb den Ring und tauschte sein Pferd gegen die schnelle Stute. Als er die drei Gurken fand, pflückte er sie und nahm sie mit sich aus dem Wald heraus. Einige Zeit später hielt er es vor Sehnsucht nicht mehr aus und brach die erste Gurke auf, und – gepriesen sei Gott, der alles schuf – die Gurke verwandelte sich in ein wunderschönes Mädchen. Kaum war sie in menschliche Gestalt verwandelt, verlangte sie von dem Jungen, ihr Wasser zu trinken zu geben! Aber da sie sich in einem leeren Ödland befanden, hatte er kein Wasser, und das Mädchen verwelkte, trocknete aus wie Laub, das vom Baum fällt und starb. Das selbe geschah mit dem zweiten Mädchen. Daher entschloss sich der Prinz, die dritte Gurke erst neben einer Wasserquelle zu brechen. Als er eine Wasserstelle erreichte, brach er die Gurke entzwei und das Mädchen

kam daraus hervor und verlangte von ihm Wasser. Da warf er es in die Quelle und es wurde dort in eine wunderschöne, mollige Jungfrau verwandelt. Der Prinz war außer sich vor Freude und Glückseligkeit, ließ das Mädchen hinter sich auf die Stute steigen und nahm sie mit zu seinem Volke und zu seinen Eltern.

Alle waren überglücklich und bewunderten die Schönheit des Mädchens, das mit dem Prinzen verheiratet wurde und ihm einen Sohn gebar. Eines Tages ging das Gurkenmädchen mit ihrem Sohn zum Fluss, begleitet von ihrem schwarzen Dienstmädchen. Die Dienerin, das Kind auf dem Arm, schaute auf das klare Wasser und sah auf der glatten Oberfläche nicht ihr eigenes Gesicht, sondern das Spiegelbild des Gesichtes ihrer Herrin. Ihr aber erschien es, als sei sie eine weiße Frau geworden und hätte sich ihres schwarzen Hauptes entledigt. Als sie ihre Täuschung bemerkte, dass sich nur das Haupt ihrer Herrin gespiegelt hatte, drehte sie sich um, ergriff ihre Herrin plötzlich am Hals und tötete sie, schneller als diese denken konnte. Einige Blutstropfen jedoch traten aus dem Mund und verwandelten sich in eine Taube, die zu einem Ast flog und darauf sitzen blieb. Inzwischen kam der junge Prinz ahnungslos von der Jagd zurück und erblickte seinen Sohn, getragen von einer schwarzen Frau. Die Frau erklärte ihm, dass sie seine Frau sei und nur plötzlich schwarz geworden wäre. Der Prinz kümmerte sich nicht so sehr um ihr Aussehen, sondern mehr um seine tiefe Liebe zu ihr, deshalb glaubte er ihre Geschichte.

Natürlich war die schwarze Dienerin mit ihrer Tat zufrieden und lebte glücklich und zufrieden mit ihm zusammen. Auch der junge Prinz bemerkte keine Veränderung und so ging es viele Monde lang. Die junge schwarze Frau jedoch störte das Gurren der Taube, als ob es ihr Geheimnis preis geben würde. Inzwischen war der Sohn des Prinzen schwer krank und die Ärzte konnten ihn nicht heilen. Da das Gurren der Taube kein Ende nehmen wollte, befand die schwarze Frau, dass die letzte Stunde der Taube nun gekommen sei und verlangte von dem Prinzen, sie zu töten und das Blut dem Kind zu trinken zu geben. Gesagt, getan – das Kind trank das Blut der Taube und war geheilt. Aber einige Blutstropfen fielen auf die Erde und daraus sprossen sehr schnell Triebe, Blätter, Zweige und der Stamm eines Baumes. Die schwarze Frau sah in dem Baum ihren Feind und bat den Prinzen, ihn zu fällen und sein Holz zu verbrennen. Gesagt, getan – aber die Asche des Baumes verwandelte sich in ein Huhn. Da verlor die schwarze Frau keine Zeit und machte das Huhn einer alten Frau zum Geschenk, die sich sehr darüber freute.

Jeden Morgen, wenn die alte Frau ihr Haus verließ, zog das Gurkenmädchen ihr Hühnergefieder aus, und fing an, im Haushalt zu arbeiten, zu kochen und zu waschen. Vor der Rückkunft der Greisin eilte es blitzschnell in sein Federkleid zurück. Dies ging so für Wochen und Monate. Die Alte war begeistert und fragte sich, ob da ein Geist im Hause sei? Eines Tages kam sie früher als erwartet nach Hause und das Gurkenmädchen konnte nicht schnell genug in ihr Federkleid schlüpfen. So stand da plötzlich ein schönes Mädchen vor den verblüfften Augen der Greisin, die darauf bestand, dass das Mädchen ihr seine Geschichte erzählte. Da lief die alte Frau schnell zu dem Prinzen, um ihm die Wahrheit über seine Frau zu sagen und die Geschichte des Gurkenmädchens zu erzählen. Obgleich er tief in seinem Herzen gespürt hatte, dass mit seiner Frau etwas nicht recht war, konnte er diese Geschichte kaum glauben. Er ritt auf seiner schnellen Stute zu dem Haus und fand sein geliebtes Gurkenmädchen endlich wieder, brachte sie zurück zu seinem Palast, und befahl, die schwarze Frau zu töten. Da lebten die beiden glücklich, in Seligkeit und Freude, bis an ihr Lebensende.

Läge mein Haus in der Nähe von Deinem Haus, hätte ich drei Säcke voll Rosinen mitgebracht, den ersten für die Frau, die Dir morgen Milch von der Milchfrau kaufen wird, den zweiten für die Frau, die Dich auf einem Pferd reiten lassen wird, und den dritten für die Frau, die Dich morgen zum Haare schneiden mitnehmen wird, weil Deine Haare ja schon sehr lang sind.

Das Ei mit den zwei Dottern

Aku Maku ...
Es war einmal, und es war viel – vertrau auf Gott.

Es war einmal ein Bauer, dessen Frau ihm jeden Morgen zum Frühstück ein Ei kochte. Eines Morgens aber erwachte er und siehe da – er fand kein Ei auf dem Tisch.

Ärgerlich fragte er seine treue Frau: »Warum hast Du mir heute kein Ei gekocht?« »Weil das Huhn uns heute morgen kein Ei gelegt hat!«, antwortete seine Frau.

Daraufhin ging er wütend zu dem Huhn in die Scheune und was sah er? Das Huhn lag schlafend auf seinen Eiern, um sie auszubrüten.

»Warum hast Du uns kein Ei gelegt?«

»Siehst Du nicht, dass ich Kinder haben will? Außerdem bin ich sehr mager, weil die Kuh alle Körner frisst, und es dann nicht mehr genügend für mich gibt. Geh zur Kuh und frage sie danach!«

Der Bauer rannte zu der Kuh und fragte sie: »Warum frisst Du alles und lässt dem Huhn nichts übrig?« Die Kuh schaute ihn an und sagte: »Weißt Du nicht, dass meine Milch sehr wenig geworden ist? Nur deshalb, weil ich nicht genügend zu essen finde! Warum gehst Du nicht zu den Ratten, um sie zu fragen! Sie fressen nicht nur die Körner, sondern sie stehlen sie auch noch mit ihren Mäulern und tragen sie in ihre Häuser!«

»Das ist ja unerhört, stehlen auch noch«, so sprach zornig der Bauer. Er lief zu den Ratten und sah den Rattenkönig, der stehlend mit einem Samenkorn im Maul an ihm vorbei lief.

Da schrie der Bauer laut: »Hör auf, Du Lümmel! Du frisst und stiehlst auch noch! Euretwegen hat die Kuh nicht viel zu fressen und das Huhn auch nicht, sonst hätte es mir heute morgen ein Ei gelegt. Du frisst die Körner nicht nur, sondern Du stiehlst sie darüber hinaus!«

Ruhig erwiderte der König der Ratten: »Die Kuh frisst immer tausend Male mehr als wir! Und was wir mit uns in unsere Häuser nehmen, ist für die schwarzen Tage!«

»Aber jetzt sofort gebt ihr mir alle Körner heraus, oder ... !«

»Oder was?«

»Oder ich gehe zu der Katze!«

Da lachte die Ratte laut und sagte: »Geh zu ihr, denn wir fürchten uns nicht!«

Schnell lief der Bauer zu der Katze, die sich gerade in der Sonne wärmen wollte.

»Bitte, meine liebe Katze, komm mit und verschling den Rattenkönig, der meine Körner nicht nur frisst, sondern sie auch noch stiehlt von der Kuh, die deshalb nicht genug zu essen hat, und daher gibt es auch nicht genug Körner für das Huhn, so dass es mir heute morgen kein Ei legen konnte. Siehst Du, wie nötig es ist, dass Du mitkommst! Nur Du kannst das Problem lösen! Bitte komm!«

»Nein – lass mich in Ruhe! Siehst Du nicht, ich genieße die Wärme der Sonne!«

»Gut, dann werde ich zu dem Hund gehen, damit er kommt, um Dich zu fressen!«

»Gehe ruhig, ich habe keine Angst vor Hunden!«

Da lief der Bauer geschwind zu dem Hund und erzählte ihm die ganze Geschichte.

Dem Hund lief das Wasser im Munde zusammen! Eine lebendige Katze zu fressen, das hatte er noch nie. So ging er mit dem Bauern zu der Katze, die solche Angst bekam, dass sie mit einer Gänsehaut schnell zum Rattenkönig lief, dem vor Angst das Blut in seinem Körper gefror. Schnell bildeten die Ratten aus den gestohlenen Körnern zwei große Haufen – unglaublich für die Augen der Beobachter. Die Kuh und das Huhn fingen sofort an zu essen und nachdem das Huhn satt war, versprach es dem Bauern: »Morgen wirst Du von mir ein Ei mit zwei Dottern bekommen!«

Wir waren bei Euch, nun sind wir zurück, und läge mein Haus in der Nähe von Deinem, hätte ich drei Säcke voll Rosinen mitgebracht:

den ersten für die Frau, die Dir morgen Datteln und Walnüsse kaufen wird, den zweiten für die Frau, die schon die Wasserquelle im neuen Haus ausgraben ließ und den dritten für die Frau, die keine Brille trägt.

Der König und das Zauberkraut

Aku Maku ...
Es war einmal vor langer Zeit und es war viel.

Ein König, der mit seinen drei Söhnen gerne zur Jagd ging. Dabei begleitete sie das Glück und sie waren sehr erfolgreich. Als sie eines Tages auf dem Weg zurück zu ihrem Palast waren, wehte ihnen ein so starker Wind entgegen, dass der Vater erblindete. Keine Heilkunst eines Arztes konnte ihn mit hausgemachten Mitteln kurieren. Einer der Ärzte sagte ihm dann eines Tages: »Es gibt ein ganz bestimmtes Kraut, das auf einem Baum wächst, der hinter den sieben Meeren steht. Dieses Kraut allein ist das Heilmittel für Ihre Augen!«

Der König war froh und sandte seine drei Söhne aus, um danach zu suchen. Die Söhne nahmen ihre Pferde und ritten und ritten und ritten, bis sie zu einer Kreuzung kamen. Der jüngste Sohn schlug vor, dass jeder von ihnen einen anderen Weg wählen solle, da es so einfacher wäre, das Kraut zu finden. Alle willigten ein, sie verabschiedeten sich voneinander und jeder ritt auf seinem vorgeschriebenen Weg weiter.

Nach einer langen Zeit erreichte der Jüngste einen schattigen Baum und da er sehr müde war, schlief er unter dem Baum ein, während eine kühle Brise über sein Gesicht streifte. Sein Pferd hatte er an dem Baum fest gebunden und ließ es die frischen Gräser weiden. Nach einer Weile wachte er erschrocken vom Zischen einer großen Schlange auf, die auf den Baum kletterte, um kleine Vögel in einem Nest darauf zu fressen. Blitzschnell nahm er sein Schwert und kämpfte erbittert mir ihr, bis er sie tötete. Nach ihrer Rückkehr zum

Nest sahen die Vogeleltem die getötete Schlange neben ihren unversehrten Jungen liegen und waren so dankbar, dass sie dem Jungen sagten, er solle ihnen seinen sehnlichsten Wunsch nennen, damit sie ihm diesen erfüllen könnten. Der Junge erzählte ihnen von seiner Suche nach einem bestimmten Kraut, das auf einem Zauberbaum wüchse und die Kraft hätte, die Augen seines Vaters zu heilen.

Da sprach der Vogelvater: »Belaste Dich nicht mit schweren Gedanken. Komm, steige auf meinen Rücken, ich trage Dich dorthin, wo das Kraut wächst.« Der Vogel flog mit ihm bis hinter die sieben Meere, wo der Jüngste den Baum mit dem Zauberkraut fand. Er nahm eine bestimte Menge davon und stieg wieder

auf den Vogel, der mit ihm dahin zurückflog, wo sein Pferd auf ihn wartete. Er bedankte sich bei dem Vogel und ritt auf seinem Pferd mit schnellen Hufen zurück zu seines Vaters Königreich. Mitten auf dem Weg fühlte er sich hungrig und sah eine Stube, wo man essen konnte. Der Jüngste ging hinein und sah seine beiden Brüder, die dort als Bedienung arbeiteten. Sie umarmten sich und erzählten dem jüngsten Sohn, dass sie den Baum nicht erreichen konnten, weil sie auf dem falschen Weg gegangen seien. Der Jüngste erzählte ihnen seine Geschichte und sie beschlossen, gemeinsam zum Palast des Vaters zurückzukehren.

Als die drei Brüder auf dem Weg großen Durst verspürten, kamen sie an einen tiefen Brunnen. Die bei den älteren sagten zum Jüngsten: »Klettere Du hinab zur Wasserquelle und schöpfe für uns alle Wasser, wir wollen Dich an einem Seil hinablassen und wieder heraufziehen.« Der Jüngste kletterte nichtsahnend hinab, die beiden anderen jedoch zerschnitten das Seil, nahmen das Kraut an sich und ritten ohne ihren jüngsten Bruder weiter. Da hörte der verlassene Junge eine Stimme: »Es werden zwei Böcke zu Dir kommen, ein weißer und ein schwarzer. Wenn Du den schwarzen Bock festhältst, gehst Du mit ihm in das Reich der unteren Welt. Hältst Du aber den weißen Bock fest, dann gehst Du wieder auf die Erde empor. Kurz nachdem die Stimme zu ihm gesprochen hatte, hörte er neben sich die Laute eines Bockes. Er fasste den schwarzen Bock und im Nu war er in der unteren Welt. Es war alles ungewöhnlich: Die Stadt war still und die Menschen waren blassgelb, als ob sie tot seien in einer toten Stadt. Alle sahen traurig, unglücklich und elend aus.

Er fragte jemanden, warum sie so traurig und ängstlich aussähen und erfuhr, dass da ein Dämon sei, der alle Gewässer unter seiner Macht habe und den Menschen nur für zwei Stunden Wasser überlasse, unter der Bedingung, ihm Speisen und ein Mädchen zu überlassen – und das tagtäglich. Der Junge ging zu dem König des Staates der unteren Welt und versprach ihm, den Dämon zu töten. Zufälligerweise war an diesem Tag die Königstochter an der Reihe, an den Dämon verschenkt zu werden und er wollte sie erretten. Von der weiten Reise völlig ermüdet, überkam den Jungen jedoch ein tiefer Schlaf.

Als der Dämon aus seiner Höhle kam, um das Mädchen zu holen, packte das Mädchen eine so große Angst, dass es anfing zu schreien und zu weinen. Einige Tränen fielen auf das Gesicht des Jungen und weckten ihn. Es begann ein fürchterlicher Kampf zwischen ihm und dem bösen Geist und es dauerte lange, bis der Prinz den Dämonen überwunden hatte und dieser starb – jedoch nicht ohne Wunden am Körper des Jungen zu hinterlassen.

Nach dem Tod des Dämons floss wieder reichlich Wasser für alle und kein Mädchen und kein Bewohner brauchte mehr Angst vor ihm zu haben. Die Glückseligkeit und große Freude nahm kein Ende für die Stadt und ihre Bewohner und der Prinz und die Königstochter heirateten. Doch seine Sehnsucht nach seinem Vater und nach seinen Leuten war so groß, dass er seine Heimat auf der Erde nicht vergessen konnte. Sein Schwiegervater, der ein mächtiger König war, half ihm und seiner getreuen Frau auf die Erde empor zu kommen. Als sie gemeinsam am Hofe des Vaters erschienen, war die Freude auf dem Gesicht eines jeden zu sehen. Besonders der Vater, dessen Augen geheilt waren, weinte vor Freude. Nur seine zwei Brüder schämten sich sehr und hatten große Angst vor dem Jüngsten. Aber er verzieh ihnen großzügig und von jener Zeit an lebten alle glücklich und zufrieden bis zu ihrem Tode.

Und läge mein Haus in der Nähe von Deinem, hätte ich drei Säcke voll Rosinen mitgebracht: den ersten für die Frau, die sich sehr freut, dass Du eines Tages in die Schule gehen wirst, den zweiten für die Frau, die Dich heute gegen die Pocken impfen ließ, und den dritten für die Frau, die Dir bald eine neue Jacke kaufen wird.

Auf dass die Wohltätigkeit nie versiege

Aku Maku ...
Es waren einmal, vertrau auf Gott.

Es waren einmal zwei Männer. Der eine war gierig, er wollte mit allen Mitteln mehr Eigentum ansammeln, der andere war freigebig und konnte weder betrügen noch betrogen werden, konnte weder die Leute ausnützen, noch ausgenutzt werden.

Der Freigebige genoss hoch geschätztes Ansehen unter den Leuten. Er bemühte sich, immer wenn sich die Gelegenheit bot, ein Vorbild für seine Mitmenschen zu sein, seine guten Taten nachzuahmen. In seinem Besitz befand sich ein sehr schönes, edles Pferd, von dem auch der Gierige gehört hatte. Voller Ungeduld brannte er auf den Besitz des edlen Tieres, und da er von der Freigebigkeit des edlen Mannes und seinem hohen Charakter wusste, ersann er einen Plan. Denn er musste das schöne Pferd unbedingt besitzen.

So stand er eines Tages auf dem Weg, den der Edle zu reiten pflegte. Als er ihn vorbeikommen sah, sprach der Gierige ihn an und jammerte, er sei so schlimm erkrankt, dass er nicht mehr nach Hause laufen könne. Der Freigebige bedauerte ihn und stieg vom Pferd. »Ich weiß«, sprach der Edle, »Du stellst Dich nur krank und willst mich betrügen. Hier, nimm mein Pferd! Doch ich verlange von dir, daß Du es niemandem erzählst. Denn die Wohltätigkeit zwischen den Menschen darf nie versiegen.«

Läge mein Haus in der Nähe von Deinem, hätte ich drei Säcke voll Rosinen mitgebracht: den ersten für die Frau, die heute Abend Um Abd gekochten Reis geben wird, den zweiten für die Frau, die das geliehene Geld von Um Taha zurück will, und den dritten für die Frau, die geträumt hat, dass sie auf die Pilgerfahrt nach Mekka gegangen wäre.

Der Spatz und der Dorn

Aku Maku ...
Es war einmal, vertrau auf Gott.

Es war einmal ein Spatz, der des Fliegens müde war. Er wollte sich ausruhen und landete inmitten grüner Gräser. Kaum war er auf dem Boden angekommen, da stach ihn ein Dorn in den Fuß. Der Dorn bereitete ihm sehr viele Schmerzen. Da flog er zu einer Bäckerin, die neben ihrem Backofen stand und bat sie, ihn von dem zu befreien. Sie half ihm gerne, zog den Dorn heraus und warf ihn ins Feuer. Der Spatz aber empörte sich darüber und sprach zu ihr. »Entweder Du gibst mir meinen Dom zurück oder Du gibst mir Brote.«

Sie empfand seine Worte zwar als Undankbarkeit, gab ihm aber sehr verärgert die verlangten Brote. Der Spatz nahm sie und flog weit weg. Da erblickte er einen Hirten, der gerade Milch trank. Der Spatz schlug ihm vor, ihm die Brote zu geben, dann könnten sie gemeinsam essen und trinken. Der Hirte war einverstanden, wollte aber zunächst, dass der Spatz die Schafe treiben, sammeln und näher heran bringen sollte. Es war eine mühselige Arbeit für den Vogel. Überall musste er sehr schnell hinfliegen. Nachdem er zu dem Hirten zurückkam merkte er, dass der Mann alles alleine gegessen hatte. Daraufhin verlangte der Spatz: »Entweder Du gibst mir meine Brote zurück oder Du gibst mir drei Mutterschafe dafür!« Der Hirte war in Verlegenheit und hatte keine andere Wahl, als ihm die drei Tiere zu geben. Der Vogel nahm sie und flog davon.

Auf seinem Flug kam er bei einer Hochzeitsfeier vorbei. Da es weit und breit kein Vieh im Lande gab,

wurden für die Zeremonie Katzen und Hunde geschlachtet. Da machte ihnen der Vogel das Angebot,
ihnen die drei Schafe zu überlassen, wenn sie ihn dafür
zum Essen einladen würden. Mit diesem Handel waren
die Menschen einverstanden, vorher sollte der Spatz
aber noch zu einem bestimmten Platz fliegen, um die
Teller zu bringen. Nach seiner Rückkehr bemerkte er,
dass sie alle Speisen schon aufgegessen hatten. Also
sprach er: »Entweder ihr gebt mir meine drei Mutterschafe zurück oder die Braut.« Die Menschen fanden
keine andere Lösung, als ihm zu geben, wonach er sich
sehnte – die Braut! Der Vogel nahm die Braut und
ging mit ihr ins Grüne.

Da sah er einen Mann, der fröhlich auf einer Flöte
spielte und ganz entzückt war. Der Spatz schlug dem
Mann vor, ihm die Braut zu geben für seine schöne
Flöte. Der Flötenspieler war einverstanden mit dem
Tausch, nahm die Frau und gab dem Spatz das Instru-
ment. Nachdem der Spatz die Flöte mit seinen Flügeln
genommen hatte, begann er darauf zu spielen und
prompt fiel sie zu Boden und zerschlug in tausend
Scherben.

*Läge mein Haus in der Nähe von Deinem, hätte ich drei
Säcke voll Rosinen mitgebracht: Den ersten für die Frau, die
Dir morgen eine Nachtigal kaufen wird, den zweiten für die
Frau, die keinen Käfig für die Nachtigal zu kaufen braucht
und den dritten für die Frau, die wegen Deiner Nachtigal
keine böse Katze im Haus dulden wird.*

Der auf Gott vertraut

Aku Maku …
Es war einmal und es war viel. Vertrau auf Gott.

Es war einmal ein armseliger Mann. Er war so arm, dass er zu sich sagte: »Ich werde zu dem Statthalter gehen, um ihn zu bitten, mir etwas zu Essen zu geben.« Als er zum Statthalter kam, traf er ihn beim Beten an. Er hörte, wie er Gott inständig darum bat, seine Zustände zu verbessern, ihm sein tägliches Brot zu geben und ihm seine Gnade zu schenken.

Da sagte sich der Mann: »Wie kann ich einen Menschen um Hilfe bitten, der selbst Gott darum anfleht?« So kehrte er zu seinem Zelt zurück und fing an zu beten, um Gottes Erbarmen zu erlangen. Nach einiger Zeit kam Wind auf, der so stark wehte, dass die Zelte weggetragen wurden. Viel Sand bedeckte alles rings umher. Nachdem der Sturm vorbei und alles still geworden war, fing der Mann an, die Zeltpflöcke wieder zu befestigen. Aber ein Pflock stieß beim Einschlagen auf einen großen Stein, er ließ sich nicht befestigen.

»Gott behüte mich«, dachte der arme Mann, »was ist das?« Nachdem er den Stein frei gegraben hatte und hoch hob, öffnete er seine Augen und seinen Mund weit voller Erstaunen über das, was er erblickte – einen wundervollen Schatz!

Läge mein Haus in der Nähe von Deinem, hätte ich drei Säcke voll Rosinen mitgebracht: Den ersten für die Frau, die zu einer Hochzeit eingeladen ist, den zweiten für die Frau, die Dich morgen zu dieser Hochzeit mitnehmen wird und den dritten für die Frau, die Deine kleine Schwester Sadschida neben Dir ins Bett legen wird.

Die Menschen sind nicht, was sie vorgeben

Aku Maku ...
Es war einmal und bei Gott liegt alles Vertrauen.

Es war einmal ein Mann, der von einem Prediger in der Moschee gehört hatte, dass derjenige, der Gott Almosenspenden gibt, sie zehnfach zurückbekäme. Der Mann hatte nur zehn Dinar dabei, die er sodann den Armen spendete. Danach wartete er und wartete auf Gottes Gaben. Aber er wartete vergeblich.

Eines Tages, als er beim Laufen war, rutschte er mit einem Fuß aus und fiel in einen Bach. Als er wieder aufstehen wollte, stützte er sich auf seine Arme und da fühlten seine Finger einen Stoffknoten. Er öffnete den Knoten und zu seinem Erstaunen fand er neun Dinar. »Nur neun Dinar, wo ich doch zehn gespendet habe«, dachte er bei sich und ging zu dem Prediger, um ihn zu tadeln. Der Prediger aber wollte die Klagen des Mannes nicht hören, und um ihn los zu werden sagte er zu ihm: »Geh doch Gott suchen, um ihn zu treffen und es ihm selbst zu erzählen!«

Der Mann fasste den Entschluss, Gott zu finden, damit dieser ihm seine Schulden zurück gibt. Er lief und lief auf Wegen, die er bis dahin noch nicht kannte. Dann kam er zu einem Eremiten, der dem Anschein nach dreißig Jahre mit der Anbetung Gottes verbracht hatte, und etwas später zu einem anderen, der dem Anschein nach fünfzig Jahre im Gebet verbracht hatte, ohne dass sie von Gott auch nur eine Gabe erhalten hätten. Die zwei Eremiten sagten dem Mann, er solle seine Gaben einklagen, und wenn er Gott träfe, so solle er auch von ihnen erzählen und von ihrem asketischen Leben.

Der Mann setzte seine Reise fort und traf einen reichen Mann, dem er auch seine Geschichte erzählte. Da sprach der reiche Mann zu ihm: »Danke Deinem Gott dafür, dass Du spenden konntest. Danke ihm dafür! Und wenn Du ihn triffst, so sage ihm auch in meinem Namen Dank und dass ich all seine guten Gaben nicht verdiene.« Der Gottessucher verließ den Reichen und setzte seine Reise fort.

Nach einigen Tagen erreichte er die Berge. Er war sehr müde und wollte nur noch schlafen. Da stieg er auf einen Berg empor und schlief auf seinem Gebetsteppich ein. In der Nacht weckte ihn ein Engel, der ihm einen Schatz aushändigte für das, was er einstmals als Almosengabe spendete. Der Mann freute sich über den Schatz und erzählte dem Engel von den zwei Eremiten und dem Reichen und ihren Geschichten. Leise sagte der Engel: »Die beiden Eremiten verdienen nichts, weil sie tief in ihren Herzen gierig und böse sind. Sie haben sich der Askese und dem Gebet nur gewidmet aus dem Wunsch heraus nach Gottes Gaben! Der reiche Mann jedoch wird von Gott mit vielen Wohlgaben beschenkt, weil er ein zufriedener und guter Mensch ist.«

Läge mein Haus in der Nähe von Deinem, lieber Nadschumi, hätte ich drei Säcke voll Rosinen mitgebracht. Den ersten für die Frau, die Dich übermorgen zu einem Beschneidungsfest mitnehmen wird, den zweiten für die Frau, die Dattelsirup für Deine Sesampaste kaufte und den dritten für die Frau, die Dir heute zeigt, wie Du Deine Zähne richtig putzen sollst.

Der Mann, der die Angst nicht kennt

Aku Maku ...
Es war einmal, Gott verleihe dem Sultan den Sieg.

Es war einmal ein Mann, Schudschaa, der Tapfere genannt, da er keine Angst kannte. Eines Tages ging er wegen einer wichtigen Angelegenheit in die Stadt, fand aber keinen Platz zum Schlafen dort. Nach langer Zeit der Suche zeigten ihm die Bewohner schließlich einen verlassenen Palast. Darin fand er aber nur ein Zimmer, in dem kein Mensch übernachten wollte. Er fragte nach dem Grund und die Menschen erzählten ihm, dass der Palast und dieses Zimmer von Geistern bewohnt seien, die darin auf und ab laufen. Wer darin schläft, wacht aus Angst vor den Geistern nie wieder auf.

Schudschaa, der die Angst nicht kannte, hörte nicht auf die Warnungen und legte sich in jenem Zimmer des Palastes zum Schlafen nieder. Genau um Mitternacht jedoch hörte er ein fürchterliches Geschrei, mit viel Getöse und klagendem Schluchzen. Es schien ihm, als würde das Zimmer auf dem Kopf stehen. Aus dem Nirgendwo erschien eine Leiche ohne Kopf, aber blitzschnell kam ebenso von nirgendwo der Kopf hinterher geflogen und setzte sich auf die Leiche, die klagend folgende Geschichte erzählte: »Ich bin der Besitzer dieses Palastes. Meine Frau hat mich zusammen mit ihrem Liebhaber in diesem Zimmer im Schlaf getötet. Sie begruben meine Leiche hier an Ort und Stelle. Als mein treuer Hund mir zu Hilfe eilen wollte, haben sie ihn auch getötet. Du, Schudschaa, hast keine Angst gezeigt, Du bist der rechte Mann, um mich zu rächen. Ich bestehe darauf, dass Du die beiden Mörder ihrer gerechten Strafe zuführst.«

Am nächsten Morgen ging Schudschaa zu den Richtern und er erzählte ihnen alles, was er in dieser Nacht gesehen und gehört hatte. In der darauffolgenden Nacht gingen einige mutige Männer mit ihm in das selbe Zimmer des Palastes und warteten bis Mitternacht. Als die Stunde schlug, kamen wieder dasselbe Getöse, Schluchzen und ohrenbetäubendes Schreien. Von nirgendwoher erschien die Leiche und gleich hinterher der Kopf, der sich wieder auf die Leiche setzte. Mit lautem Schreien fing die Leiche wieder an zu klagen, auf dass endlich die Rache an den Mördern vollstreckt werde.

Die Männer waren fassungslos vor Angst. So etwas hatten sie noch nicht einmal in ihren schlimmsten Träumen gesehen oder gehört. Sofort fingen sie an, an Ort und Stelle zu graben und fanden den toten Körper des Mannes und seines Hundes. Nach dieser Entdeckung wurde plötzlich alles sehr ruhig im Zimmer und der Richter führte die Mörder ihrer gerechten Strafe zu. Nach diesem Erlebnis verließ Schudschaa wieder die Stadt, zum ersten Mal mit der Erfahrung, was Angst bedeutet.

Läge mein Haus in der Nähe von Deinem, hätte ich drei Säcke voll Rosinen mitgebracht, den ersten für die Frau, die Dir nicht erlaubt, alleine im Tigris zu schwimmen, und den zweiten für die Frau, die für Dich schon einen Schwimmlehrer besorgt hat, und den dritten für die Frau, die schon als Kind in Mosul Schwimmen gelernt hat.

Das Flughuhn, die Gazelle und der Esel

Aku Maku …
Es war einmal und es war viel!

Es waren einmal drei Tiere, die hatten ihre Nasen voll von den unverbesserlichen, gewissenlosen, gotteslästerlichen, durch und durch korrupten und erbarmungswürdigen Tyranneien der Menschen. Es waren ein Flughuhn, eine Gazelle und ein Esel.

Sie wollten irgendwo zusammen leben, wo sie keinen Menschen mehr sehen müssten. Also sind sie weit gewandert, um einen Ort zu finden, an dem sie ihre Ruhe haben konnten, bis ans Ende ihres Lebens. Als sie an jenem Ort ankamen, entschlossen sie sich, die Erde zu bepflanzen. Jeder hatte seinen Teil der Arbeit. Das Flughuhn brachte mit seinem Schnabel die Samen und Kerne, die Gazelle verstreute sie auf der Erde und der Esel pflügte den Acker.

Die Sonne, der Wind und der Regen haben ihre natürlichen Pflichten getan, und siehe da, nach einer Weile sprossen die ersten zarten Halme der Gräser.

Eines Tages gingen das Flughuhn und die Gazelle spazieren, während der Esel zurück blieb, weil er vorgab, krank zu sein. Nachdem sich die Spaziergänger entfernt hatten, fing der Esel an, die frisch gewachsenen, jungen Halme zu genießen. Er fraß sie alle auf, wurde träge und schlief ein. Als das Flughuhn und die Gazelle zurück kamen, trauten sie ihren Augen nicht.

Die ganze Ernte war weg, die Erde kahl und dürr, trockener und trostloser als je zuvor. Da wurden sie sehr böse und beschuldigten den Esel, alles alleine gegessen zu haben. Der Esel aber beteuerte seine Unschuld und log, dass er krank sei. Daraufhin ließen sie ihn bei der Zamzamquelle schwören, dass sie alle immer die Wahrheit sprechen wollten. Das Flughuhn schwor und flog weg. Die Gazelle schwor und ging durch den Fluss weg. Der Esel schwor und als er den Fluss überqueren wollte, versank er und ertrank.

Läge mein Haus in der Nähe von Deinem, hätte ich drei Säcke voll Rosinen mitgebracht: den ersten für die Frau, die morgen mehr Wolle bringt, um sie zu spinnen, den zweiten für die Frau, die einen Pullover strickt, und den dritten für die Frau, die für Dich eine Winterdecke kaufen wird.

Die Herrin der Herrinnen

Aku Maku ...
Es war einmal. Gott verleihe dem Sultan den Sieg.

Es war einmal ein Vater, dessen Frau die Nase voll hatte von seinen zwei Kindern. Sie wollte die beiden nicht mehr länger im Hause dulden und verlangte von ihrem schwachen Mann, der ihr noch nie ein Haar gekrümmt hatte, die Kinder mitzunehmen und unterwegs zurückzulassen. Der Vater willigte ein, bat seine Frau aber darum, ihnen Datteln, Brot und Wasser mitzugeben, so falle es ihm leichter, ihnen zu erzählen, er wolle sie ins Blaue mitnehmen. Die Frau bereitete ihm alles vor und legte es in eine Tasche. Als alle schliefen, schlich sich die Frau in den Hof, nahm die Speisen aus der Tasche und legte statt dessen Kuhfladen, Mist und Urin hinein. Am frühen Morgen, mit dem ersten Ruf des Hahns, begleitete der Mann seine zwei Kinder nach draußen, verabschiedete sich von seiner Frau und ging fort durch fremde Gärten und verlassene Gegenden, zu dem entlegensten Ödland das er kannte, jenseits aller Häuser.

Immer wenn die Kinder ihn fragten wohin er sie führt, erwiderte er ihnen, dass er sie zu einem sehr schönen Platz bringen werde. Endlich wurden die beiden vom vielen Laufen sehr müde. Der Vater ließ sie auf einer Wiese ausruhen, auf der viele grüne Gräser standen. Bald schliefen die beiden Kinder sehr tief und merkten nicht, dass sich ihr Vater fortschlich. Er ging schnellen Fußes, nachdem er – wie er annahm – Speisen und Wasser für sie zurückgelassen hatte. Am nächsten Morgen erwachten die beiden Kinder, voller Angst in ihrer Einsamkeit. Verzweifelt suchten sie ihren Vater überall! Doch es war nirgends eine Spur von ihm zu finden! Der Junge fing vor Angst an zu weinen, doch seine Schwester beruhigte ihn, bis er nur noch leise schluchzte. Schließlich verspürten sie großen Hunger und öffneten ihre Taschen, um zu essen. Sie fanden nichts darin außer das, was die Frau ihres Vater hineingelegt hatte. Nichts davon konnten sie essen oder trinken. Da überkam die beiden große Verlassenheit und Elend, aber das Mädchen gab die Hoffnung nicht auf. Es nahm seinen Bruder an die Hand und sie gingen auf die Suche nach etwas Essbarem.

Nach langem Hin und Her fanden sie eine Wasserquelle. Als sie davon trinken wollten, sagte die Quelle: »Wer von mir trinkt, verwandelt sich in ein Gazellchen!« Da erschrak das Mädchen und trank nicht von dem Wasser, aber ihr kleiner Bruder hörte nicht zu, weil ihn sein Durst zu sehr quälte. Kaum hatte das Wasser seine Lippen berührt, verwandelte er sich in ein Gazellchen. Da bekam das Mädchen große Angst und fing an zu weinen. Das fröhliche Springen des Gazellchens um sie herum ließ sie aber neuen Mut fassen und gemeinsam gingen die Geschwister weiter ihrer Wege. Nach Wochen über Wochen des langen Laufens, nach der Härte und Erbarmungslosigkeit einer Zeit, in der sie sich nur von Gräsern und Früchten ernährten, sah das Mädchen in der Ferne einen Palast.

Da gingen die beiden zu dem Palast – das Mädchen stolperte schon vor Müdigkeit, das Gazellchen aber sprang fröhlich um sie herum – bis sie ihn schließlich erreicht hatten. Dort fanden sie Zuflucht im Schatten des Gebäudes und ernährten sich von den Speisen, die im Palast übrig blieben und weggeworfen wurden. So vergingen die Tage und das Mädchen fand Trost, indem sie einen zarten, kleinen Baum pflanzte, ihn bewässerte und sich um ihn kümmerte, bis der Baum groß und größer wurde. So wie der Baum heranwuchs, so wurde auch aus dem Mädchen eine junge Frau – die Herrin der Herrinnen.

Die Jungfrau pflegte immer den Baum zu fragen: »Mein kleines Bäumchen, mein kleines Bäumchen, wer hat Dich ernährt?« »Deine Hände!«

»Wer hat Dich bewässert?« »Tränen Deiner Augen.«

»Lehne Dich auf mich, damit ich Dich anschauen kann.« Da fing der Baum an, Perlen auf sie zu streuen.

Eines Tages kam der Prinz des Palastes auf seinem Pferd vorbei geritten und hörte, wie das Mädchen mit dem Baum sprach. Er war von ihrer Schönheit angetan und wunderte sich über all das, was er gesehen hatte: Die Schönheit des Mädchens, die Perlen und das spielende Gazellchen. Also entschloss er sich auf der Stelle, die Jungfrau zu heiraten.

Das Hochzeitsfest im Palast dauerte sehr lange und jeder war froh darüber, außer der ersten Frau des Prinzen. Mit jedem Tag vermehrte sich die Glückseligkeit und Freude des jungen Ehepaars, während sich bei der ersten Frau des Prinzen nur Hass, Bosheit und Zorn vermehrten. Als die Herrin der Herrinnen schwanger wurde, war dies das letzte bisschen Stroh, das den Rücken des Kamels zerbrach! Denn die erste Frau des Prinzen war unfruchtbar. Der Prinz sorgte sich nur mehr um seine neue Frau. Eines Tages wollte der Prinz wegfahren und beauftragte alle, sich gut um seine schwangere Frau zu kümmern. Sobald er fort war, befahl aber seine erste Frau ihren Dienern, die junge Frau in den Brunnen zu werfen. Gesagt, getan. Sie drohte ihren Dienern mit dem Tod, wenn sie irgend jemandem davon erzählten.

Sie versuchte auch das Gazellchen zu fangen, um es

zu töten. Aber es entfloh ihr. Ab und zu versuchte es, unbemerkt in den Palast zu schleichen und zum Brunnen zu laufen, um seiner Schwester Speisen hinab zu werfen, die es von der Küche entwendet hatte und mit ihr zu reden. Die erste und böse Frau dachte, der Baum werde auch sie mit Perlen bedecken, genau wie er es mit der Herrin der Herrinnen getan hatte.

So ging sie zu ihm, setzte sich in seinen Schatten und sprach:

»Mein kleines Bäumchen! Mein kleines Bäumchen! Wer hat Dich ernährt?« »Schande über Deine Hände!«

»Wer hat Dich bewässert?«

»Erblinden sollen Deine Augen!«

»Lehne Dich auf mich, damit ich Dich anschauen kann!« Da streute der Baum schwarze Asche über sie.

Es war die Zeit gekommen, dass der Prinz zurückkehrte. Bevor er in den Palast eintrat, beschmierte die

böse Frau ihr Gesicht gelb mit Kurkuma und legte viele getrocknete dünne Brote unter ihr Bett. Dann legte sie sich hinein und gab vor, krank zu sein. Der Prinz erreichte den Palast und bemerkte, dass sich vieles geändert hatte. Seine erste Frau war krank und die Ärzte verordneten ihr ein Gazellenherz, um geheilt zu werden. Seine zweite Frau aber war für tot erklärt und das Gazellchen nicht mehr zu sehen. Die kranke Frau erklärte ihm, dass sie vor Kummer und Traurigkeit über den Tod der Herrin der Herrinnen krank geworden sei. Da fühlte sich der Prinz schuldig und wurde traurig und besorgt über die Krankheit seiner Frau. Ihre Knochen knackten immerzu fürchterlich, wenn sie sich im Bett umdrehte. Sein Mitleid und seine Zärtlichkeit galten nun der bösen Frau, da diese ja vorgab, aus tiefer Trauer über seine verstorbene Geliebte so schlimm erkrankt zu sein.

Die einzige Freude des jungen Prinzen war, dass er sein geliebtes Gazellchen wiederfand. Er gab ihm alle liebende Fürsorge, weil es ihn so sehr an seine Schwester erinnerte. Die Ärzte der kranken, bösen Frau jedoch forderten ihn auf, die Gazelle zu töten und ihr das Herz als Medikament zu geben. Die böse Frau wurde von Tag zu Tag gelber im Gesicht und ihre Knochen knackten immer schlimmer, wenn sie sich im Bett umdrehte. Es gab für den jungen Prinzen keinen anderen Ausweg, als das Gazellchen zu töten.

Schweren Herzens ging der Prinz zu seinem Gazellchen, das inzwischen ahnte, was der Prinz mit ihm beabsichtigte. Es stand sehr oft an dem Brunnen, seinen Hals ausgestreckt und wiederholte voll Traurigkeit: »Herrin der Herrinnen, oh Du weggeworfene Ambra, rede mit mir, bevor ich hinfalle und sterbe!« Seine Schwester erwiderte ihm: »Sein Messer ist aus Holz und wird Dir keinen Schaden zufügen! Wer das Gazellchen tötet, wird erblinden und wer es nur versucht, wird von Tollwut befallen werden.« Und die beiden weinten bitterlich. Da kam der Prinz hinzu und griff nach dem Gazellchen, um es zu töten. Aber sein Messer verwandelte sich in ein Holzstück und der Prinz wurde wie ein tollwütiger Hund, der schnell fortlief. Das Gazellchen war für jetzt gerettet, aber es wiederholte sich ein weiteres Mal. Als der Prinz zum dritten Male kam, um das Gazellchen zu fangen, wunderte er sich darüber, dass es immer weinend am Brunnenrand stand. Er erzählte das seiner ersten Frau und befragte sie danach, um ein klares Bild über das Geschehen zu bekommen. Sie fing jedoch nur laut zu schreien an, ihre Tränen flossen und ihre Knochen knackten ganz fürchterlich. Jetzt bemerkte der Prinz, dass auch der Baum statt Perlen nur noch schwarze Asche streute.

Nun waren viele Monde vergangen und die Herrin der Herrinnen gebar ihr Kind. Es war wunderschön, gepriesen sei Gott, der schöne Formen gestaltet. Seine Locken waren aus Gold und Silber. Seine Mutter, die Herrin der Herrinnen sang ihrem Kinde immer ein Lied: »Der Sohn des Sultans ist aus meinem Schoß und meine Haare sind lang gewachsen. Ich finde keinen Weg zum Schloss – zu meinem Prinzen und Gatten!« Eines Nachts, als alles still war, klang die zarte schöne Stimme der Herrin der Herrinnen aus dem Brunnen heraus, als sie das Kind in den Schlaf sang. Der Prinz hatte sehr schlecht geträumt und konnte keinen weiteren Schlaf mehr finden, denn immerzu musste er an seine zweite, geliebte Frau denken. So ging er in den Garten und plötzlich hörte er ihre Stimme in der Luft schwebend. Doch was ihn mehr wunderte, war der Blick des Gazellchens am Brunnenrand. Es streckte seinen Kopf tief in den Brunnen hinein und sprach ganz leise. Der Prinz lauschte der Unterhaltung und nun gab es für ihn keinen Zweifel mehr. Laut rief er seine Diener und Wachen herbei, sie mögen Fackeln anzünden, und unverzüglich in den Brunnen hinabsteigen. Nach einer Weile brachten die Diener seine geliebte Frau mit ihrem Kind heraus. Nun war dem Prinzen klar, wie listig seine erste Frau war. Er ging zu ihr ans Krankenbett, wusch ihr das Kurkuma von Gesicht und Körper und holte das dünne, trockene Brot aus ihrem Bett. Dann übergab er sie seinen Ministern, um sie und ihre Dienerschaft zu töten, und ihre Leichen in den Brunnen zu werfen, der kein Wasser mehr gab. Als dies geschehen war, verwandelte sich die Gazelle wieder in den Bruder der Königin, die Herrin der Herrinnen genannt wurde, und mit ihrem Gemahl, dem König, weise und gütig das Land in Gerechtigkeit regierte.

Der Baum verstreute vor lauter Glückseligkeit Perlen über das ganze Reich. Friede und Glück kehrten zurück und einer gab acht auf den anderen, wie ein Hühnchen auf sein Küken.

»Rihna indkum wa – dschena«*, *beendet meine Großmutter das Märchen: Und läge mein Haus in der Nähe von Deinem, hätte ich drei Säcke voll Rosinen mitgebracht, den ersten für die Frau, die Dir die Honigkuchen backen wird, den zweiten für die Frau, die abends als letzte schlafen geht, aber zuvor noch von Bett zu Bett geht, um alle schlafenden Kinder zu küssen, und den dritten für die Frau, die morgen mit anderen Frauen des Hauses die Kleider waschen und nachher bügeln wird.*

*Wörtlich: »Wir haben Euch besucht und kamen zurück« oder »Wir waren bei Euch, und nun sind wir zurück.«

Der Zauberapfel

Aku Maku ...
Es war einmal und es war viel!

Es war einmal ein König, der hatte drei schöne Kinder, zwei Söhne und eine Tochter. Alle waren glücklich miteinander und ihre Lebensläufe waren ungetrübt, bis zu jenem Tage, als der König krank wurde und niemand wusste, was ihm fehlte.

Der Königshof versammelte alle Ärzte des Landes, um herauszufinden, wie der König zu heilen sei. Ein alter, weiser Gelehrter sagte: »Ich habe von verzauberten Äpfeln gehört, die den König – mit Gottes Gnade – heilen könnten«. Da entschlossen sich die Söhne, diesen wundersamen Apfel zu finden. Mit Freude und Trauer im Herzen verließen die zwei Jungen die Königsfamilie und ritten auf ihren Pferden davon.

Nach mehr als einem Jahr waren sie noch nicht wieder zurückgekehrt. Da legte sich eine große Traurigkeit über die Königsfamilie und das ganze Land. Es gab keine andere Lösung mehr, als die Tochter des Königs auf die Suche nach ihren zwei Brüdern und den Äpfeln zu schicken. Mit Tränen in den Augen ihrer Eltern und mit Kummer und Sorge im Herzen des Volkes ritt die Tochter fort. Vielleicht könnte sie Erfolg haben, wo ihre Brüder nur Misserfolg ernteten.

Nach einem langen und mühsamen Ritt kam sie zu einem Greis, der sie fragte, wohin sie wolle. »Ich bin auf der Suche nach den verzauberten Äpfeln. Mein Vater, der König, ist krank und meine Brüder sind von ihrer Suche nicht wieder zurückgekehrt.« Da riet ihr der alte Mann: »Du musst aufpassen, wenn Du dahin gehst, wo die Äpfel wachsen. Um unversehrt zurückzukehren, darfst Du dein Gesicht nie umdrehen, egal was für ein dämonisches, gefährliches Getöse, grelle Schreie oder fürchterlichen Lärm Du hinter Dir vernimmst! Du wirst viele Statuen aus Stein sehen. Das waren einmal Menschen! Aber die Unglücklichen wussten nichts von den Dämonen und Geistern, die den Apfelbaum beschützen und behüten!« Das Mädchen bedankte sich bei dem Greis und ritt weiter. Sie gelangte zu einem Platz, auf dem verstreut viele Statuen aus Stein, mit unterschiedlicher Größe standen. Je näher sie dem Baum mit den Zauberäpfeln kam, desto lauter und lauter wurden die dämonischen Schreie und der furchterregende Larm. Es war ohrenbetäubend und wurde immer schriller. Aber das Mäd-

chen drehte sich nicht um, sondern ging mutig zu den Äpfeln an dem Baum.

Nachdem es zwei Äpfel gepflückt hatte, wurde alles ruhig, und es drehte sich um, um diesen Ort zu verlassen. Aber was sah das Mädchen? Alle Statuen hatten sich in Männer, lauter junge Männer verwandelt und sie erkannte sofort ihre beiden Brüder. Die Freude war so groß und kam aus den Tiefen ihrer Herzen, dass meine Worte sie nicht beschreiben können. Auf ihrem Weg zurück trafen die Geschwister den Greis wieder. Er bat das Mädchen höflich, ihn einen Bissen des Apfels kosten zu lassen. Mit großer Freude und Dankbarkeit schenkte sie ihm einen ihrer beiden Äpfel. Er biss hinein und siehe da, blitzschnell und für das Auge nicht zu sehen, verwandelte sich der alte Greis in einen sehr jungen, starken Mann. Die drei Geschwister ritten mit dem zweiten Apfel weiter und kamen schließlich zu ihrem Königreich. Dort reichte die Tochter ihren Eltern den Zauberapfel. Diese bissen nur einmal hinein und wurden wieder jung wie ihre Kinder. Und weil sie nicht gestorben sind, leben sie noch heute.

Läge mein Haus in der Nähe von Deinem, hätte ich drei Säcke voll Rosinen mitgebracht, den ersten für die Frau, die in Mosul geboren wurde, den zweiten für die Frau, die in Bagdad geheiratet hat, und den dritten für die Frau, die Deine Mutter hier zur Welt brachte.

Der Esel, der in die Stadt ging

Aku Maku ...
Es war einmal und Gott verleihe dem Sultan den Sieg.

Es war einmal ein Bauer, der verlangte von seinem Esel, er möge alleine das Getreide zu dem Kaufmann in die Stadt tragen, mit dem er immer handelte und nach dem Handel das Geld mitbringen. Der Bauer ging in sein Haus und der Esel machte sich auf den Weg in die Stadt.

Der nächste Tag verging, ohne dass der Esel mit dem Geld zurückgekommen war. Der Bauer war voller Kummer und dachte, beides wäre verloren gegangen. So ging er selber in die Stadt, um sich zu erkundigen, wo sein Esel blieb. Er kam zu dem Händler und fragte ihn nach seinem Esel. Der Kaufmann aber lachte ihn aus und sprach: »Dein Esel hat sich in einen Menschen verwandelt und ging in eine andere Stadt! Der Name der Stadt ist Balad!«

Da eilte der Bauer sich, um schnell nach Balad zu kommen. Dort angekommen, erzählte er einem Mann seine Geschichte und fragte ihn, ob er seinen Esel, der jetzt ein Mensch sei, gesehen hätte. Der Mann aber war ein Schelm und zeigte dem Bauern einen wohlhabenden Mann aus dem Ort, der sehr, sehr reich war, viele Diener hatte und von allen respektiert wurde. Der Bauer schaute den reichen Mann ganz genau und sehr lange an und mit der Zeit kam es ihm so vor, als habe dieser wirklich ein langes Gesicht, wie ein Esel eben. Er ging zu dem Haus des Reichen und bat die Diener, eintreten zu dürfen. Kaum sah er den reichen Mann, begann er ihn zu tadeln und zu schimpfen, weshalb er mit dem Geld nicht zurückgekommen sei, sondern es für sich genommen hätte. So sprach der Bauer, denn er dachte ja, der reiche Mann sei sein Esel.

Dieser aber war sprachlos und fürchtete einen Skandal, denn er ahnte, dass ihm irgend ein Schelm einen Streich spielte und der dumme Bauer nicht wusste, was gespielt wurde. Also gab er dem Bauern das Geld und ließ ihn ohne Widerrede gehen. Als der Bauer auf dem Weg zurück zu seinem Hof war, sah er seinen Esel beim Grasen auf der Weide. Der Bauer kümmerte sich aber gar nicht darum und schaute nicht mal zu ihm hinüber. Er sagte nur zu sich: »Was für ein Spiel willst Du mit mir spielen? Hast Du Dich jetzt wieder in einen Esel verwandelt, damit ich Dich nochmals zum Markt schicke, um Geld zu holen? Nein, nein mein Freund, nicht mit mir!«

Wir waren bei Euch, und nun sind wir zurück, und läge mein Haus in der Nähe von Deinem, hätte ich drei Säcke voll Rosinen mitgebracht. Den ersten für die Frau, die für Dich ein kleines Fahrrad kaufen wird, den zweiten für die Frau, die Euch Plätzchen mit Datteln und Walnüssen backen wird, und den dritten für die Frau, die wegen der Winterkälte morgen die Petroleumöfen »Aladin« kaufen wird.

Die Frau und der Bock

Aku Maku …
Es war einmal und es war viel.
Und Gott verleihe dem Sultan den Sieg!

Es war einmal ein Schmied, der sich von seiner Frau scheiden ließ, weil er dachte, sie sei dumm. Sie hatte dem Bock die besten Kleider ihres Mannes angezogen, damit dieser ihrem Mann nicht verriet, dass er ihre Schenkel sah, als sie den Haushof kehrte.

Nachdem er fort gegangen war von seiner geschiedenen Ehefrau, traf der Schmied andere Frauen, von denen eine am Wege saß und bitterlich über ihren Mann weinte. Als er sie fragte, weshalb sie weinte, antwortete sie ihm, dass ihr verstorbener Mann auf dem Weg zur Hölle sei. Sie gab dem Schmied allen Besitz ihres Mannes, das Gold und alles Geld, und bat ihn, das Vermögen ihrem Mann zu geben, denn vielleicht brauche er all das in der Hölle. Der Mann ließ die dumme Frau alleine und verschwand schnell.

Da kam er an einer anderen traurigen und schreienden Frau vorbei, die am Flussufer stand. Sie hatte Angst, ihr Kind könnte im Fluss ertrinken, dabei war sie noch nicht einmal schwanger! So eine dumme Frau hatte er noch nicht getroffen! Er ließ sie alleine weiter schreien und zog schnell seiner Wege. Dann traf er schließlich auf eine Frau, die den Kopf von der Braut ihres Sohnes abschlagen wollte oder den Rahmen der Haustüre heraus brechen, denn die Braut war lang und groß und würde nicht durch die Türe passen.

Da lief der Mann schnell zu seiner geschiedenen Frau zurück, denn sie war keinesfalls so dumm wie diese drei Frauen und bat sie um Verzeihung.

Wir waren bei Euch und nun sind wir wieder zurück und läge mein Haus in der Nähe von Deinem, hätte ich drei Säcke voll Rosinen mitgebracht: Der erste ist für die Frau, die Dir heute Safranreis mit Rosinen und gerösteten Mandeln kochte, der zweite ist für die Frau, die Dir Süßigkeiten und Gebäck kaufte, und der dritte ist für die Frau, die Honig* für Dein Frühstück bestellt hat.

* Honig ist im Irak selten, da es nur wenig blühende Pflanzen wegen des trockenen Klimas gibt, und ist sehr teuer. Er kommt nur aus dem Nordirak.

Die sieben geschiedenen Frauen

Aku Maku ...
Es war einmal und es war viel. Vertrau auf Gott.

Es waren einmal sieben geschiedene Frauen, die trafen sich vor dem Brückentor und warteten auf seine Öffnung. Da fingen sie an zu erzählen, weshalb ihre Männer sich haben scheiden lassen.

Die erste sagte, sie habe mit den Kleidern ihres Mannes das Feuer angezündet, weil sie kein Holz mehr hatte, um das Wasser zu wärmen für die rituelle Morgenreinigung vor dem Gebet.

Die zweite erzählte, dass sie in das Kissen ihres Mannes ein Schaf gestopft habe, damit er es weich habe, doch nach einiger Zeit roch es übel, das Fleisch wurde trocken und die Würmer krochen heraus. Eines Nachts sah sie einen Wurm auf der Wange ihres Mannes kriechen und schlug sehr heftig mit ihrem Schuh darauf.

Die dritte Frau erzählte, sie hörte einmal, dass man Essig herstellen könne, indem man Rosinen in Wasser

legt und dann in die Sonne stellt. Als ihr Mann ihr eines Tages sagte, sie solle Essig für den Haushalt bereiten, aß sie sehr viele Rosinen, trank darauf viel Wasser und stellte sich in die brennende Sonne.

Die vierte Frau wollte nach Bagdad fahren, um die heiligen Stätten zu besuchen. Man sagte ihr aber, sie könne die Stätten nur mit dem Boot erreichen. Also verstopfte sie die Abflusslöcher in ihrem Hause, öffnete alle Wasserhähne, setzte sich auf ein großes Holzbrett und fing an zu rudern, um nach Bagdad zu kommen.

Die fünfte erzählte, dass ihr Mann ein Kaufmann war. Eines Tages fuhr er zum Pilgern nach Mekka. Um dieses Ereignis zu feiern, wollte sie ein Fest geben. Dazu bedeckte sie den ganzen Hof mit Seifenstücken, legte zwei Schichten Henna darauf und goss Rosenwasser darüber. Als ihr Mann eintraf und den Hof betrat, rutschte er aus und brach sich beide Beine.

Die sechste Frau erzählte, dass ihr Mann Kleiderstoffe verkaufte. All seine Ware stapelte er im Haus. Da sie ihrem Mann helfen wollte, hatte sie die Stoffe immer wieder gewaschen. So lange, bis die ganz dünn und bleich wurden.

Die siebente Frau erzählte, sie wollte den Mantel ihres Mannes mit einem Stück Stoff nähen. Da sie aber keinen hatte, nahm sie als Flicken den Magen eines Schafes.

Läge mein Haus in der Nähe von Deinem, hätte ich drei Säcke voll Rosinen mitgebracht. Der erste ist für die Frau, die Dir morgen ein kleines Schaf kaufen wird, damit Du mit ihm spielst, der zweite ist für die Frau, die Dir nicht erlaubt, Feuerwerk zu kaufen und der dritte ist für die Frau, die mit Dir morgen in König Ghazis Garten spazieren geht.

Fische in Wassermelonen

Aku Maku ...
Es war einmal und es war viel.
Gott verleihe dem Sultan den Sieg.

Es war einmal eine Frau, die einen sehr reichen Mann geheiratet hatte. Ihr sehnlichster Wunsch war es, ihm bei seinen Geschäften zu helfen, aber der Mann hatte keinerlei Vertrauen zu den Frauen. Er verschloss immer die Türe des Hauses und ließ sie wie eine Gefangene zurück. Seine Frau versuchte vergebens, ihren Mann davon zu überzeugen, dass sie ihre Ehre selbst schützen könne, wenn sie es wolle. Aber ihr Mann wollte das nicht hören.

Deshalb entschloss sie sich, ihre Worte in die Tat umzusetzen. Eines Tages schlug sie ein Loch in die Wand. Dort saß auf der Straße zufälligerweise ein Bettler, den bat sie, ihr Fische zu kaufen. Sie gab ihm etwas Geld und der Bettler brachte ihr die gewünschten Fische. Am nächsten Morgen fragte sie ihren Mann, ob er Wassermelonen kaufen könne, was dieser auch tat. Nachdem ihr Mann zur Arbeit gegangen war, bohrte sie die Melonen auf, entkernte sie und füllte die Fische hinein. Am Abend kam der Mann nach dem rituellen Waschen und seinem Gebet ins Zimmer und setzte sich nieder, um zu essen. Seine Frau fing an, die Melone zu schälen, und plötzlich sah er einen Fisch in der angeschnittenen Melone. Seine Augen wurden groß vor Erstaunen, aber sie überzeugte ihn, dass die Kerne der Melonen in Wahrheit Fische sind.

Natürlich konnte er dies nur schwer glauben und ging deshalb ganz früh am nächsten Morgen zu einem

Händler und fing an, seine Melonen aufzubrechen. Allein er fand keinen Fisch! Er bezahlte dem Händler den entstandenen Schaden und ging zum zweiten Melonenhändler. Ebenfalls vergebens, in keiner einzigen war ein Fisch! Die Leute im Dorf glaubten schon, er sei verrückt geworden und traurig ging er nach Hause. Als seine Frau sah, dass ihr Mann ganz aufgelöst war, erzählte sie ihm die Geschichte, wie sie sich zugetragen hatte. Da kam der Mann zur Vernunft und sah seine Fehler ein. Er fasste Vertrauen zu seiner Frau und gab ihr den Schlüssel des Hauses. Nun war sie keine Gefangene mehr.

Läge mein Haus in der Nähe von Deinem, hätte ich drei Säcke voll Rosinen mitgebracht. Der erste ist für die Frau, die Dir Essig von Datteln machen wird, der zweite ist für die Frau, die nur einen Cousin väterlicherseits, nämlich Deinen Vater, hat und der dritte ist für die Frau, die Dich mit Deinem Vater zum Bad schicken wird.

Nicht mager und nicht dick

Aku Maku ...

Es war einmal ein despotischer Herrscher, der einen seiner Untertanen kommen ließ und ihm folgenden Befehl gab: »Du nimmst diese Ziege mit und lässt sie einen Monat lang weiden. Dann bringst Du sie mir zurück. Achte aber darauf, daß sie nicht magerer und nicht dicker wird, als sie jetzt ist. Wenn Du dies nicht beachtest, kommst Du ins Gefängnis, wenn Du nicht vorher Deinen Kopf verlierst!« Der Mann hatte viel zuviel Angst, um diesen Befehl zu verweigern. Er nahm die Ziege mit sich und ging betrübt und verwirrt aus dem Palast des Herrschers. Wie könnte er es schaffen, dass das Tier weder magerer noch dicker wird, wenn es auf satten Wiesen steht und noch dazu einen Monat lang? Doch dachte er sich: List geht über Gewalt!

In der darauffolgenden Nacht konnte er nicht einschlafen. Denn die Zeit verging sehr schnell und ein Monat war sehr kurz. Was war zu tun? Welche List war anzuwenden? Am nächsten Tag fand er die Lösung. Blitzschnell rannte er in den Wald und hob eine Fallgrube aus, um einen Wolf zu fangen. Er grub so tief in die Erde, bis er völlig erschöpft war, dann kehrte er in seine Hütte zurück. Er konnte es kaum erwarten, einen Wolf zu fangen, lieber heute als morgen. Am nächsten Tag ging er in den Wald und zu seiner großen und unerwarteten Freude fand er einen Wolf in der Grube. Er packte ihn in einen dicken Sack und trug ihn auf dem Rücken in seine Hütte.

Dort sperrte er den Wolf in einen Käfig und bedeckte ihn mit alten Kleiderlumpen. Dann führte er die Ziege auf eine grüne Wiese, wie der Despot es ihm befohlen hatte. Am Nachmittag ging er wieder zurück und zerrte die Ziege, die gerne weiter gefressen hätte, an einem Strick hinter sich her. Sie war schon etwas dicker geworden, als am Tag zuvor. Der Mann brachte sie in die Nähe des Käfigs und zog die alten Lumpen weg. Der Wolf, der die Ziege schon gerochen hatte, weidete seine Augen an ihrem zarten Körper. Eine Ziege ist ihm so nah – unglaublich! Er brüllte zornig und versuchte aus dem Käfig auszubrechen, aber vergeblich! Die Ziege hatte so große Angst, dass sie sich nicht mehr bewegte, ganz so als sei sie hypnotisiert.

Der Mann stand mit der verängstigten Ziege eine ganze Weile neben dem tobenden, heulenden Wolf. Übleres als diese Vorführung hatte keine Ziege erlebt als unsere. Diese Szene wiederholte der Mann tagtäglich. Jedes Mal, wenn die Ziege den Wolf anschauen musste, zermürbte sie die Angst. Ihr ganzer Körper zitterte so heftig, dass ihre schwachen Beine sie nicht mehr tragen konnten. Jedes Mal fraß sein Anblick etwas von ihrer Seele, besonders aber von ihrer Fettleibigkeit. Sie fühlte sich von dem Anblick ausgesaugt, wie eine Fliege von einer Spinne. Und dies tagtäglich. Die Angst blieb ihr ins Gesicht geschrieben, bis sie aus der Hütte geführt wurde, um zarte, grüne Halme zu knabbern. Mit der Zeit wog sie genau so viel wie am Anfang – sie wurde weder magerer noch dickerer als sie gewesen war. Am Monatsende nahm der Mann die Ziege mit zu dem König, der sich sehr wunderte. Er wollte das Geheimnis wissen, aber der Mann gab es ihm nicht preis. Der Herrscher war begeistert über diese Meisterleistung und belohnte den Mann als Anerkennung mit einem Geschenk dafür. Der Mann freute sich – nicht über das Geschenk – sondern über die Tatsache, dass sein Kopf noch auf seinen Schultern war.

Läge mein Haus in der Nähe von Deinem, hätte ich drei Säcke voll Rosinen mitgebracht: den ersten Sack für die Frau, die Dich morgen zu der englischen Krankenschwester Regina mitnehmen wird, den zweiten für die Frau, die gerne ihren Sohn Ibrahim und die großen Enkel verheiratet hätte bevor sie stirbt, und der dritte ist für die Frau, die Dir keine Geschichte mit einem bösen Ende erzählt hat.

Qaraqusch und der Jäger

Aku Maku …
Es war einmal, vertrau auf Gott!

Es war einmal ein Mann, der bei einem Weber vorbei ging. Er stolperte über dessen langes hölzernes Weberschiff, fiel hin und eine Spindel stach ihm ein Auge aus. Der Mann zeigte den Weber bei dem Statthalter Qaraqusch an und forderte, dem Weber die Augen auszustechen. Die Polizei wollte den Befehl gerade ausführen, aber der Weber protestierte unter dem Vorwand, dass er beide Augen für seine Arbeit brauche, während ein Jäger zum Beispiel nur ein Auge für seine benötigte. Qaraqusch ließ den Mann frei und befahl, stattdessen einen Jäger zu finden, um ihm ein Auge auszureissen. Schnell war ein Jäger gefunden. Dieser aber hatte dem Statthalter Qaraqusch schon lange Zeit zuvor versprochen, ihn die Sprache der Vögel zu lehren. Dazu brauche er unbedingt beide Augen. So ließen sie ab von ihrem Plan und brachten den Jäger zu Qaraqusch. Die beiden Männer gingen in den Wald, auf dass der Jäger dem Statthalter die Vogelsprache lehre.

Sie sahen zwei Eulen, die auf einer Ruine saßen. »Was sagen die beiden Eulen?«, fragte Qaraqusch. Die linke Eule will die Tochter der rechten Eule für ihren Sohn zur Frau haben. Die letztere erwiderte, dass sie von ihr eine neue Höhle als Morgengabe haben wolle, wo ihre Tochter mit den Kleinen wohnen könne. Da sagte die erste fröhlich: »Warum nur eine, ich gebe dir hundert Höhlen dafür, solange unser Herrscher Qaraqusch ein ‚gerechter Statthalter bleibt, wie er jetzt ist!«

Da wurde Qaraqusch sehr wütend und befahl, den Jäger aufzuhängen. Als der Henker das Seil um seinen

Hals legen wollte, sagte der Jäger zum Henker: »Du kannst mich nicht hängen, da ich meiner Schwiegermutter Wasser bringen soll.« In der Menge, die um den Galgen stand, sah der Jäger eine Frau, die ihm ihren Schenkel zeigte. Plötzlich lachte der Jäger so laut, lang und tief, daß sich seine Augen mit Tränen füllten. Qaraqusch, der dieser Szene beiwohnte, war sehr erstaunt und verlangte, den Grund des Lachens zu erfahren. Man brachte den Jäger mit dem Seil um den Hals zu Qaraqusch und er antwortete ihm: »Ich habe drei Sachen ausgelacht – die Art Deines Denkens, die Art des Denkens meiner Schwiegermutter und die Art des Denkens jener Frau, die so entblößt dort unten sitzt.« Qaraqusch begann laut zu lachen und schenkte dem Jäger sein Leben. Der Jäger konnte die ganze Geschichte nicht glauben, freute sich über seine Freiheit und ging zurück in den Wald.

Läge mein Haus in der Nähe von Deinem, hätte ich drei Säcke Rosinen mitgebracht: den ersten für die Frau, die drei Häuser hat und den zweiten für die Frau, die für Deinen jüngeren Onkel Ibrahim, meinen Sohn, der nicht heiraten will, eine Frau suchen wird, und der dritte ist für die Frau, die fünf Enkel von ihrem zweiten Sohn hat – zwei Mädchen und drei Jungen.

Der Soldat und der König

Aku Maku ...
Es war einmal und es war viel. Vertrau auf Gott.

Es war einmal ein König, der entließ einen treuen Soldaten, der ihm lange gedient hatte, nur weil er älter geworden war. Der Soldat war darüber sehr traurig und schmerzerfüllt. Er verließ das Königreich und wanderte für lange Zeit umher.

Eines Tages hatte er solch großen Hunger, dass er kaum mehr laufen konnte, so schwach war er. Aber wie der Zufall es wollte, kam er an einer Hütte vorüber, die einer alten Hexe gehörte. Sie nahm ihn bei sich auf und gab ihm zu essen. Als Gegenleistung verlangte sie von ihm, dass er ihr eine verlorene Zauberkerze aus dem Brunnen herauf holen solle. Er willigte ein und die Hexe ließ ihn an einem Seil hinunter. Der Brunnen war sehr dunkel, doch endlich fand er die Zauberkerze. Die Hexe rief ihm zu: »Wirf mir die Kerze herauf!« Doch er ahnte, dass sie Böses im Schilde führte, weigerte sich und verlangte: »Erst zieh mich hinauf!«. Da wurde die Hexe sehr zornig und ihre Augen brannten wie Feuerquellen! Sie zerschnitt das Seil und ließ ihn alleine im Brunnen zurück. Der verlassene Soldat wollte im Dunkeln mit einem Streichholz die Kerze anzünden. Als er das tat, erschien ein gewaltiger Feuergeist, der zu ihm sprach: »Hier bin ich, Herr, zu Deinen Diensten!«

»Bitte hol mich aus dem Brunnen heraus«, bat der Soldat den Geist, »und bring mich weit weg von hier!« Der Feuergeist tat, wie ihm befohlen und durch ihn wurde der Soldat in kurzer Zeit sehr reich und bekannt. Aber er konnte den König nicht vergessen, der ihn so schmählich entlassen hatte. Er wollte Rache an ihm

nehmen, da dieser seine Treue nicht belohnt hatte. So
befahl er dem Feuergeist, er solle ihm des Königs Tochter holen. Als dies geschah, schwor der König Rache
für seine verletzte Ehre, doch der Dämon warnte ihn.
Aus Angst vor dem Feuergeist überließ der König dem
Soldaten seine Tochter zur Ehe und die beiden lebten
glücklich zusammen.

*Läge mein Haus in der Nähe von Deinem, hätte ich drei
Säcke voll Rosinen mitgebracht: den ersten für die Frau, die
ihre Gebetsperlen durch die Finger gleiten läßt, um Gott zu
danken und zu loben, den zweiten für die Frau, die heute
wegen der Gluthitze mit in den Keller ging, und den dritten
für die Frau, die Dir morgen Eier mit Datteln kochen wird.*

Der Kadi und der Bäcker

Aku Maku ...
Es war einmal und Gott verleihe dem Sultan den Sieg.

Es war einmal ein Richter, der sehr große Angst vor seiner Frau hatte, denn sie verachtete ihn. Sie kochte nicht für ihn, gab ihm keine Speisen und kümmerte sich auch sonst überhaupt nicht um ihn. Eines Tages ging dieser Richter, der Kadi genannt wird, bei einem Bäcker vorbei. Dieser Bäcker röstete in seinem Backofen auch Hähnchen, die ihm seine Kunden brachten. Der Duft dieser Hähnchen drang verführerisch in die Nase des Kadi und da er sehr hungrig war, wurde er trunken von dem köstlichen Geruch. Ohne Zögern ging er hinein, nahm einfach ein Hähnchen das gerade fertig war und ging wieder hinaus.

Der Bäcker protestierte heftig dagegen, doch der Kadi erwiderte ihm, er solle einfach dem Besitzer des Hähnchens sagen, es sei davon geflogen. Als der Bäcker genau so verfuhr wie ihm der Kadi aufgetragen hatte, wurde der rechtmäßige Besitzer des Hähnchens sehr zornig und die beiden Männer begangen heftig zu streiten – mit Worten und auch den Fäusten. Da kam ein Christ des Weges, der eine Verständigung zwischen den beiden Männern herbeiführen wollte. In dem Handgemenge wusste keiner mehr, welche Faust zu wem gehörte und so stach ein Finger des Bäckers dem Christen ein Auge aus. Der Bäcker entfloh und die anderen beiden Männer rannten ihm hinterher. Doch der Weg führte sie in eine Sackgasse. Für den Bäcker gab es kein Entkommen mehr, also lief er schnell in eine Moschee und stieg das Minarett hinauf. Die wütenden Männer folgten ihm auch dorthin. Da sprang der Bäcker in seiner Not das Minarett hinunter und fiel auf einen kranken Mann, der von seinem Bruder neben die Moschee gelegt wurde, um Heilung zu erfahren. Der kranke Mann starb von der Wucht des Aufpralls sofort. Jetzt liefen bereits drei Männer hinter dem Bäcker her, der Besitzer des Hähnchens, der einäugige Christ und der Bruder des toten, kranken Mannes. Sie alle verfolgten den Bäcker, der wieder in eine Sackgasse geriet. Dort stand am Ende eine Ruine, auf die er hinauf kletterte.

Die Männer verstellten ihm den Rückweg, so dass er keinen anderen Ausweg sah, als von einer Seite der Ruine hinunter zu springen, welche die Verfolger nicht erreichen konnten. Er stürzte auf eine schwangere Frau, die sich an die Ruinenwand lehnte, um sich im Schatten auszuruhen. Durch das Gewicht des Bäckers verlor die Frau ihr Kind. Der Mann der Frau stand nicht weit weg von dem Geschehen, nahm die Verfolgung auf und rannte mit den drei anderen Männern dem Bäcker hinterher. Dieser rannte und rannte trotz der enormen Hitze und der Schweiß floß ihm in Strömen hinab. Völlig erschöpft kam er in das Gerichtsgebäude, wo er zufälligerweise den Kadi traf, der ihm morgens das Hähnchen gestohlen hatte.

Verblüfft fragte der Kadi den Bäcker, warum er denn mit den anderen Männern in dieser Hitze so schnell rennt. Der Hähnchenbesitzer war der erste, der sich beklagte über den Diebstahl seines Hähnchens, das angeblich weggeflogen sein sollte, wie der Bäcker behauptete. Der Kadi antwortete ihm: »Gott erweckt die toten Gebeine zum Leben.« Und beschuldigte ihn der Ketzerei, falls er nicht daran glaube. Der Christ beschwerte sich wegen seines verletzten Auges. Da verlangte der Kadi von dem Backer, er solle dem Christen auch das andere Auge herausreißen, weil das Los der Christen halb das Los der Moslem sei. Danach könne der Christ dem Bäcker eines herausreißen. Als der Christ das hörte, ließ er seine Beschwerde fallen und floh blitzschnell. Dann kam der Bruder des Toten und erzählte

was passiert war. Von ihm verlangte der Kadi auf das Minarett zu steigen und sich mehrere Male auf den Bäcker fallen zu lassen, bis der Bäcker stirbt. Auch dieser Mann floh so schnell er konnte vor Angst. Zuletzt trug der Mann der schwangeren Frau seine Beschwerde vor. Da verlangte der Kadi von ihm, er solle seine Frau dem Bäcker leihen, damit sie von ihm wieder geschwängert werde.

Läge mein Haus in der Nähe von Deinem, hätte ich drei Säcke voll Rosinen mitgebracht. Den ersten für die Frau, die Dich in der kommenden Woche zum Frauenbad mitnehmen wird, den zweiten für die Frau, die Dich morgen zu Deinem jüngeren Onkel schickt, um Schwimmen zu lernen, und den dritten für die Frau, die Dir ein schönes Geschenk geben wird, nachdem Du Schwimmen gelernt hast.

Das Zauberzelt

Aku Maku …
Es war einmal und es war viel. Vertrau auf Gott!

Vor grauen Zeiten, da hatte einmal ein König drei Söhne. Die wollte er auf die Probe stellen, um den Rechten auszuwählen, der es verdiente, sein Thronfolger zu werden. Deshalb lud der König seine Söhne zu sich ein und sprach zu ihnen: »Ihr müsst mir beweisen, wer von Euch der Beste ist mein Thronfolger zu werden. Jeder von Euch soll einen wunderbaren Dienst an den Menschen vollbringen, einen Beweis seiner liebevollen Vertrauenswürdigkeit. Lasst Euch nicht viel Zeit, denn ich stehe mit einem Fuß in meinem Grab und das Volk sehnt sich nach einem gerechten König!«

Die drei Söhne küssten seine Hände und verabschiedeten sich mit der Hoffnung, dass er lange leben möge und von der Hoffnung lebt der Mensch. Dann ritten sie auf ihren Pferden davon. Nach einem langen Ritt kamen sie zu einem alten Mann. Sie rasteten bei ihm und erzählten woher sie kommen und von ihrem Wunsch, einen wunderbaren Dienst an den Menschen zu vollbringen. Da sagte der Greis zu ihnen: »Wie ihr seht, sind hier drei Wege. Diese beiden führen zu Segen und Güte, der dritte aber führt zum Tod, denn er heißt 'Der Weg ohne Wiederkehr!' Wählet, welcher Euch gefällt.« Die beiden älteren Brüder wählten die ersten beiden Wege, die leichter zu gehen waren, der dritte, jüngste Bruder aber wählte den dritten, schwierigen Weg.

Um die Geschichte kurz zu machen, lieber Nadschim, sprach meine Großmutter, sage ich, der jüngere Bruder kämpfte auf seinem Weg gegen sehr viele böse

Menschen und Dämonen. Er vollbrachte viele schwere und gefährliche Taten, bis er zu einem Zauberzelt gelangte. Dieses Zelt war so breit und so weit, wie er noch keines in seinem Leben gesehen hatte. Er näherte sich dem Eingang. Im Innern herrschte absolute Stille – ohne jeden Laut. Nichts bewegte sich. Der Junge öffnete die Tür und eine Unmenge von Soldaten mit Pferden, Speeren, Pfeilen, Bogen, Schilden, Äxten, Schwertern und vielen anderen Waffen strömten aus dem Zelt. Sie stießen sich heftig beim Verlassen des Zeltes, wie die Bienen eines Bienenstockes bei einem Brand. Der Prinz schaute sich um und fand eine komplette, führerlose Armee vor sich. Alle Männer standen da, als ob sie nur auf Befehle warteten. Da überkam den Jungen eine Vision und er hatte die Idee, die verschiedenen Länder und Völker von ihren tyrannischen Statthaltern, Diktatoren und ungerechten Königen zu befreien. Er wollte die Völker dieser Erde den Hauch der Freiheit atmen und sie das Leben genießen lassen.

Also begann er seine Idee zu verwirklichen. Es dauerte aber viel länger, als er dachte. Nachdem er die benachbarten Königreiche befreit hatte, ritt er zu seinem eigenen Land. Zu seinem großen Bedauern fand er seinen Vater nicht mehr am Leben. Seine beiden Brüder hatten die Macht übernommen und stritten darum, wer der erste Thronfolger sein sollte. Aber das Volk hörte von den guten Taten des jungen Prinzen und freute sich, ihn zu sehen. Sie scharten sich um ihn und wählten ihn zum König. Denn er hatte etwas geleistet, was nicht einmal die Propheten vor ihm vollbrachten: Friede auf Erden!

Und läge mein Haus in der Nähe von Deinem, hätte ich drei Säcke voll Rosinen mitgebracht, den ersten für die Frau, die morgen Brot mit gehacktem Fleisch, Zwiebeln und Gewürzen backen wird und den zweiten für die Frau, die Dir Geld als Geschenk geben wird, nachdem Du Schwimmen gelernt hast, und den dritten für die Frau, die sich wünscht, dass Du ein so friedliebender Mensch wirst, wie der Prinz dieser Geschichte.

Ein Geiziger

Aku Maku ...
Es war einmal, und es war viel.
Gott verleihe dem Sultan den Sieg.

Es war einmal ein sehr hungriger Mann, der auf einer Reise war. Er kam bei einem anderen Mann vorüber, der gerade beim Speisen war. Die beiden kannten sich gut, so lud der Speisende den Reisenden zum Essen ein. Der Gastgeber fragte:

»Du kennst meinen Sohn Umair, wie geht es ihm?«

»Gut. Denn er hat viele Enkelinnen und Enkel.«

»Und wie geht es der Mutter von Umair?«

»Gut, sie ist eine freigebige Frau, sie stammt von einer freigebigen Familie ab.«

»Und wie geht es meinem Haus?«

»Gut, es ist von seinen Bewohnern erfüllt.«

»Und wie geht es meinem Hund?«

»Gut. Er hat den ganzen Bezirk mit seinem Bellen erfreut!«

»Und wie geht es meinem Kamel?«

»Gut, wie man es sich wünscht!«

Unmittelbar nach diesem Gespräch rief der Gastgeber seinen Diener und befahl den Tisch leer zu räumen. Der Gast jedoch war noch nicht satt und Wut erfüllte ihn, wie die Mittagshitze jenen Sommertag am Rande der Wüste. Der Gastgeber fragte dem anderen zum Trotze abermals:

»Gott schütze Dich, kannst Du mir bitte wiederholen, was Du geantwortet hast, damit ich sorglos sein kann bezüglich meiner Familie?« Der Mann, voll wütender Erregung, entgegnete: »Frage doch, was Du willst!«

»Wie geht es meinem Hund?« »Er starb!«

»Und woran starb er?« »Er ist erstickt!«

»Ah, und was hat ihn erstickt?«

»Er ist an einem Knochen deines Kamels erstickt und starb!« »Oh, ist mein Kamel schon gestorben? Warum starb es?«

»Es starb, weil es sehr viel Wasser zu dem Grab der Mutter von Umair tragen musste.« Erschrocken fragte der Mann: »Oh mein Gott, ist sie gestorben? Und warum?«

»Sie starb, weil sie sehr viel über Umair geweint hat!«

Der Mann war außer sich vor Angst.

»Ist Umair gestorben?«

»Ja er starb! Du Geizigster aller geizigen Gottesgeschöpfe! Er starb, weil das Haus auf ihn gefallen war!« Nach diesem Satz ging der Gast weg, ohne auf Wiedersehen zu sagen.

Läge mein Haus in der Nähe von Deinem, hätte ich drei Säcke voll Rosinen mitgebracht: den ersten für die Frau, die vorgestern Hulwa, die zweite Frau des Nachbarn Kafi bei uns schlafen ließ, weil er mit ihr gezankt hat, und den zweiten für die Frau, die Hulwa gestern zurück zu ihrem Mann brachte, nachdem sie die Angelegenheit zwischen ihnen geregelt hat und der dritte ist für die Frau, die Kafi schimpfte und ihm sagte, er solle zwischen seinen drei Frauen Gerechtigkeit walten lassen.

Die weißen, schwarzen und roten Geister

Aku Maku ...
Es war einmal und bei Gott liegt alles Vertrauen!

Es war einmal ein König, dessen Grausamkeit und Unterdrückung gegen sein Volk weit und breit bekannt war. Die einzig gute Tat seines Lebens war, dass er drei Söhne groß gezogen hatte. Als er sein Ende nahen fühlte, bat er seine drei Söhne, die ersten drei Nächte an seinem Grab Wache zu halten, bevor seine Seele zu Gott empor geht.

Die drei Söhne fragten nach dem Grund seiner großen Furcht. Da erzählte er ihnen, dass er einmal drei unschuldige Männer töten ließ und ihre weißen, schwarzen und roten Geister Rache an seiner Seele nehmen wollten, binnen der drei Tage vor der Himmelfahrt seiner Seele. Die Söhne versprachen es ihrem Vater.

Doch nachdem der König starb, weigerten sich die zwei ältesten Söhne, ihr Versprechen einzulösen. Nur der jüngste Sohn hielt Wort und stand zu seinem Versprechen. Er verbrachte drei schlaflose Nächte neben dem Grab seines Vaters und schon in der ersten Nacht kamen die furchterregenden Geister. Sie waren mit Blut beschmiert und die Augen zweier von ihnen waren geschlossen, während die des dritten Geistes weit aufgerissen waren. Es entbrannte ein heftiger Kampf mit Händen und Füßen und ohrenbetäubenden Schreien zwischen dem jüngsten Sohn des Königs und den weißen, roten und schwarzen Geistern. Doch der Jüngste gehorchte nur seinem Gewissen, folgte seines Vaters Willen und wich nicht vom Grab. So besiegte er alle drei Geister und die Seele des Vaters wurde ruhig und still. Ob Gott ihm jedoch seine üblen Taten verziehen hat, das ist zweifelhaft!

Läge mein Haus in der Nähe von Deinem, hätte ich drei Säcke voll Rosinen mitgebracht, den ersten für die Frau, die Dich morgen in der Droschke zu dem Mausoleum Al-Scheich Abdul Qadir Al Kailani mitnehmen wird, den zweiten für die Frau, die von dort Suppe mitnehmen wird, und den dritten für die Frau, die die Suppe an die armen Familien in unserem Bezirk verteilen wird.

Der fliegende Fisch

Aku Maku ...

Es war einmal eine Frau, die ihren Mann sehr hasste und noch dazu betrog sie ihn mit einem Liebhaber. In Anwesenheit ihres Mannes schien sie ihm eine gottesfürchtige, liebe Frau zu sein, denn sie schämte sich sogar vor Katzen, Bäumen und Vögeln, die im Garten des Hauses lebten, wenn sie zufälligerweise nackt oder halbnackt darin herum lief.

Aber sie wurde nicht müde oder schämte sich in keinster Weise vor ihrem Liebhaber, den sie mit Köstlichkeiten fütterte, wo sie nur konnte und das so oft es ging. Wenn ihr Mann abends hungrig von seiner Arbeit nach Hause kam, um zu essen, fand sie jedes Mal eine neue Ausrede, um ihm nichts anbieten zu müssen. Eines Tages kaufte ihr Mann ein Hähnchen, damit sie es für ihn kocht. Doch als er am Abend nach Hause kam, gab es kein Hähnchen zu essen. Seine Frau erzählte ihm, das Hähnchen sei aus dem Topf geflogen und nicht mehr zurück gekommen.

Am nächsten Tag brachte der Mann einen großen Fisch mit, den seine Frau ihm für den Abend braten sollte. Und wieder kam der Mann von der Arbeit und wieder gab es nichts zu essen. Seine Frau erzählte ihm, als sie den Fisch in die Pfanne gelegt hatte, begann dieser zu schreien, so dass ein Adler vorbei kam, den Fisch rettete und weit mit ihm fort flog.

Jetzt erst begann der Mann Verdacht gegen seine Frau zu schöpfen, es wurde aber auch höchste Zeit. So verabschiedete sich der Mann eines Tages von seiner Frau, um zur Arbeit zu gehen, ging aber nicht wirklich. Statt dessen versteckte er sich in einer Ruine, die gegenüber von seinem Haus stand. Es dauerte nicht lange, da sah er einen Mann kommen, der nicht einmal an die Haustüre klopfte, sondern sogleich eintrat. Bis nach Sonnenuntergang blieb er in seinem Haus. Das war Beweis genug, um sich von seiner Frau in gerechter Weise scheiden zu lassen.

Läge mein Haus in der Nähe von Deinem, hätte ich drei Säcke voll Rosinen mitgebracht. Den ersten für die Frau, die Dir wegen der lodernden Hitze einen Ventilator kaufen wird, den zweiten für die Frau, die noch morgen die dornigen Sträucher zwischen den Palmengärten festigen und mit Wasser gießen und dann an den Eingang der Haustür stellen wird, damit wir kühle frische Luft haben*, und den dritten für die Frau, die Dir hinter die Sträucher einen Wasserkrug legen wird, damit das Wasser für Dich kühl bleibt.

* Man spaltet einige Palmblätter in der Länge, um zwei rechteckige Gitterfenster zu erhalten. Dazwischen legt man getrocknete Dornsträucher und bindet sie mit Seil aneinander. Das Gestell wird im Sommer an Haustür und Fenster gelegt. Man befeuchtet es, um frische und kühle Luft ins Innere des Hauses zu bekommen für eine angenehme Siesta.

Zufälle

Aku Maku ...
Es war einmal und es war viel.
Gott verleihe dem Sultan den Sieg.

Es wehte einmal ein sehr starker Wind über ein kleines friedliches Dorf. Dieser Wind war so stark, dass
kein Lehmhaus stehen blieb und kein Dach mehr die
Menschen schützen konnte. Es floh wer konnte und es
starb wer musste. Nur ein junger Mann schlief sehr
tief. Er hörte und merkte von dem starken Sturm
nichts, dann wurde er wach, weil eine Frau seinen
Namen rief. Halb schlafend, halb wach glaubte der
Junge, dass die Frau, die ihn weckte, seine Cousine sei
und er ihr seine Rettung vor jener plötzlichen Natur-
gewalt verdanke, die das Land mit Sturm und Flut
heimsuchte.

Als er wieder bei Sinnen war, merkte er, dass er nicht
seine Cousine, sondern eine furchterregende Dämonin
mit einem abstoßenden Äußeren vor sich hatte. Er
fürchtete sich so sehr, dass er unbedingt vor ihr fliehen
wollte. Die Dämonin ahnte dies und drohte ihm mit
dem Tod, falls er es wagen sollte, zu fliehen. Um seiner
sicher zu sein, sperrte sie ihn tagsüber in eine Höhle
ein. Jeden Abend brachte sie ihm etwas von dem, was
sie gejagt hatte, zum Essen. Eines Tages aber entfloh
der Junge auf einem Baumstamm schwimmend und
kam weit weg zu einer anderen Insel. Dort verging viel
Zeit seit seiner Flucht und der junge Mann fand eine
Frau und heiratete. Seine Frau gebar ihm Kinder und
sie lebten glücklich miteinander. Aber trotz seines großen Glücks überkam ihn eine große Langeweile, so als
sei er ganz alleine auf der Insel. Also nahm er sich ein

Boot und segelte mit dem starkem Wind hinaus auf das Meer. Dabei vergaß er, dass man dem Meer und dem Wind nicht trauen darf. Plötzlich kam ein starker Sturm auf und die Wellen schlugen höher als die Dattelpalmen. Und dann geschah, was der Zufall wollte, er strandete auf einer Insel.

Nachdem er zu sich gekommen war, stand er auf, um etwas Essbares zu finden. Was er noch am Körper trug, konnte man nicht mehr Kleider nennen. Er lief los, um die Insel zu erkunden und zu seinem großen Entsetzen begegnete ihm dieselbe Dämonin von damals. Sie stürzte sich zornig auf ihn, um ihn zu verschlingen. Aber im selben Augenblick überkam sie ihre Liebe zu ihm erneut und sie trug ihn wieder in ihre Höhle, wo sie ihn hinter Schloss und Riegel einsperrte. Diesmal war sie sich sicher, dass er nicht mehr entfliehen konnte. Einige Jahre gingen vorbei und die Dämonin gebar ihm einen Jungen, der in vieler Hinsicht genau wie er aussah und auch so war. Der Sohn wurde älter und älter und stärker und stärker.

Der Vater blieb immer mit dem Jungen zusammen, während die Dämonin immer auf Jagd ging. Eines Tages sprach der Vater mit allem Ernst zu seinem Sohn, dass es ein besseres, schöneres Leben für sie beide auf dieser Erde gäbe, wenn sie nur die Dämonin töten würden. Denn der Vater fürchtete immer, dass die Dämonin sie beide irgendwann einmal fressen würde, wenn sie nichts zu essen habe, da sie ihr nicht ähnlich waren. Der Sohn stimmte mit dem Vater überein. Als die Dämonin eines Nachts tief schlief, stießen die beiden Männer je ein dickes Holzstück in ihre Augen. Die Dämonin schlug heftig um sich, schrie wie ein geschlachteter Bulle, und viel Blut floss aus ihren Augen. So verlor sie schließlich ihre Seh- und Lebenskraft. Die

beiden Männer rannten schnell in Richtung des alten Bootes und segelten zu der Frau des Vaters und seinen anderen Kindern auf die Heimatinsel.

Läge mein Haus in der Nähe von Deinem, hätte ich drei Säcke voll Rosinen mitgebracht, den ersten für die Frau, die Dich und Deine Schwester unbedingt zur Schule schicken will, und den zweiten für die Frau, die Dir einen privaten Lehrer einstellen wird, wenn Du schwach in einem Studienfach sein wirst, und den dritten für die Frau, die Dich selber zur Schule bringen wird, damit Du Dich daran gewöhnen kannst.

Der falsche Retter

Aku Maku ...
Es war einmal. Und Gott verleihe dem Sultan den Sieg.

Es war einmal ein Mann, dessen Armut zum Erbarmen war. Er hatte nie einen vollen und satten Bauch und sah keinen anderen Ausweg aus dieser Misere, außer sich selbst zu töten. Da hörte er von einer Bestie, die vor den Toren einer Stadt lebte und keinen an sich vorbei ließ, es sei denn, sie bekam einen Menschen zum Fraß. Die Stadtbewohner hatten große Angst vor der Bestie und vermieden es sogar auf die Straßen zu gehen. Wenn sie ins Freie gingen, dann nur, um die notwendigsten Lebensmittel zu kaufen. Darin sah der Mann die beste Möglichkeit, sie zu töten.

Als es dunkel wurde, nahm er ein sehr scharfes Schwert, ging vor die Tore jener Stadt und belauerte die Bestie, bis sie schlief. Er näherte sich ihr sehr leise und mit einem starken Stoß stieß er sein Schwert mitten in das Herz des Untiers. Vergeblich versuchte das Ungeheuer den Mann zu fassen, denn zu viel Blut floss aus seiner Wunde, bis es starb und der Mann blieb am Leben. Um zu beweisen, dass er die Bestie getötet hatte und die Menschen sich nicht mehr fürchten brauchten, ließ er den toten Körper auf der Straße liegen. Mit der Zeit jedoch wurde der Verwesungsgeruch durch die starke Sonne und die Luft unerträglich. Sogar kleine Vögel, die darüber hinweg flogen, fielen vom Himmel wegen des Gestanks. Da entschloss sich der Mann endlich, die Leiche zu begraben.

Nach einigen Tagen kam eine Frau des Weges und sah den Mann wie verloren neben dem Grab sitzen, den Kopf in die Hände gestützt. Da dachte sich die Frau, dass es sicher das Grab eines Heiligen wäre. Sie setzte sich neben den Mann und begann damit, sich Gesundheit und Reichtum für sich und ihre Familie von dem Begrabenen zu wünschen. Bevor sie wieder ging gab sie dem Mann, den sie für den Wächter des Grabes hielt, ein paar Münzen als Dankeschön. Der Mann war sehr überrascht und erfreut von dem Geldgeschenk der Frau. Es erschien ihm einleuchtend, mit diesem kleinen Verdienst sein Leben zu verschönern, und die Idee, der Wächter eines heiligen Grabes zu sein, gefiel ihm sehr gut. Nichts zu tun zu haben, außer neben dem Grab zu sitzen und das darauf geworfene Geld zu sammeln. So gelangte das Geld zu dem Mann, wie die Regentropfen auf die Erde. Das Geschäft florierte und bald ließ er über dem Grab eine Kuppel bauen. Für die Pilger richtete er eine Raststätte ein, mit Essen, Trinken und Schlafgelegenheiten. Wer dort allerdings wirklich begraben lag, das ließ er niemanden wissen. Damit war die Sache perfekt, um die ahnungslosen, leichtgläubigen und naiven Leute hereinzulegen.

Läge mein Haus in der Nähe von Deinem, hätte ich drei Säcke voll Rosinen mitgebracht, der erste ist für die Frau, die will, dass Dein junger Onkel heiratet, aber er weigert sich, der zweite ist für die Frau, die schon Enkel von Deinem zweiten Onkel hat, und der dritte ist für die Frau, der es weh tut, weil sie ihre Kinder, also Deine Mutter und Deine beiden Onkel nicht in die Schule geschickt hat.

Der Todesengel

Aku Maku ...
Es war einmal, vertrau auf Gott.

Bevor ich dir diese Geschichte erzähle«, sagte meine Großmutter, »musst Du, lieber Nadschumi, wissen, dass der Mensch zwei Dingen nicht ins Auge sehen kann. Das ist zum einen die Sonne und zum anderen der Tod.«

Es war einmal ein Arzt, der zu Fuß auf einer Reise war und an einem Baum vorbei kam, an dem ein Mann mit einem dicken Seil festgebunden war. Der Arzt befreite den Mann und fragte ihn wer er sei. Da antwortete der Mann, er sei der Todesengel. Entsetzt sprang der Arzt einen Schritt nach hinten, aber der Engel bedankte sich bei ihm, übergab ihm ein Pulver und sprach: »Du bist Arzt, nimm dieses Pulver von mir. Wenn Du zu einem Kranken gerufen wirst, so siehst Du mich an seinem Bett. Sitze ich an des Kranken Füße, will ich seine Seele nicht nehmen und das Pulver wird ihn genesen lassen. Sitze ich aber zu des Kranken Kopfe, so ist deine Heilkunst und das Pulver vergebens – er ist mein!«

Jahre vergingen und der Arzt wurde im ganzen Land berühmt und sehr reich. Schon allein beim Betreten des Krankenzimmers konnte der Arzt sagen, ob Aussicht auf Heilung besteht oder nicht. So heilte er auch einmal die schwer und lang erkrankte Tochter des Königs von ihrer Krankheit. Weil der alte König die Hoffnung auf Genesung schon aufgegeben hatte, gab er dem Arzt aus Dankbarkeit für ihre Rettung und Heilung seine Tochter zur Ehefrau. Wieder vergingen einige Jahre, als eines Morgens der Arzt den Todesengel an seinem eigenen Bette neben seinem Kopf sitzen sah. Da wusste er, seine Stunde ist gekommen. Er bat um Schonung und um eine Vertagung der Angelegenheit. Aber vergebens! Da erinnerte der Arzt den Engel daran, daß er ihm ja einst geholfen habe, und bat ihn um etwas Zeit, damit er noch einmal sein Gebet verrichten könne. Danach, so sprach der Arzt, könne er seine Seele mitnehmen. Der Todesengel gab ihm das Versprechen, bis nach seinem Gebet zu warten.

Als der Arzt sich dieses Versprechens sicher war, weigerte er sich zu beten. Da ließ der Todesengel den Arzt alleine, denn er sah, dass er ihn nicht mitnehmen konnte – sein Versprechen musste er halten. Wiederum drehte sich das Rad der Zeit und die Frau des Arztes gebar einen Sohn, der zu einem stattlichen jungen Mann heranwuchs. Als der Sohn eines Tages reif genug war, um seine elementaren religiösen Pflichten zu lernen, wollte der Arzt seinen Sohn lehren, wie man betet. Kaum hatte er sein Gebet beendet, schmerzte ihn das Herz und er sah den Todesengel nach so vielen Jahren wieder neben seinem Kopf sitzen. Jetzt war der Todesengel von seinem Versprechen befreit und tat seine Pflicht.

Läge mein Haus in der Nähe vor Deinem, hätte ich drei Säcke voll Rosinen mitgebracht. Der erste ist für die Frau, der es zu weh tut, Deine Ohrläppchen zu durchstechen, damit Du als Kind Ohrringe tragen kannst, und der zweite ist für die Frau, die Dir einen Fingerring kaufen wird, und der dritte ist für die Frau, die eine alte osmanische Goldmünze dafür verkaufen wird.

Kismet

Aku Maku ...
Es war einmal und es war viel. Vertrau auf Gott.

Es war einmal ein König, der seine einzige, neugeborene Tochter über alles liebte und dieses Gefühl gab ihm eine große Zufriedenheit. Der König ging gerne auf die Jagd in seine Wälder, zumeist in Begleitung seines alten, weisen Ministers. Eines Tages, es war im tiefen Winter, ging der König mit seinem Minister und dem anderen Gefolge vom Hofe wieder einmal zur Jagd. Als sie die Jagd beendet hatten, kamen sie an einer kleinen alten Hütte vorbei, die mitten im Wald stand.

Dort saß im Garten ein alter Mann, zwischen dessen Händen ein kleiner Knabe fröhlich spielte. Der weise Minister des Königs schaute in das Gesicht des Knaben und sprach zum König:»Siehe, dieser Knabe wird eines Tages deine neugeborene Tochter heiraten.«Der König war zutiefst erschrocken über diese Prophezeiung, wie sollte seine königliche Tochter einem armen Jungen aus einer solch mittellosen Familie zur Ehefrau gegeben werden? Sofort beschloss er, die Prophezeiung mit allen Mitteln zu verhindern. Er nutzte die Armut des alten Mannes aus, gab ihm viel Gold als Gegenwert für seinen Enkel und nahm den kleinen Jungen mit sich. Der König trug das Kind in einer Hand und ritt mit ihm und seinem Minister weit fort, bis sie an einen Fluss kamen. Dort schlug er das Kind mit seinem Schwert und warf es zum Entsetzen des weisen Ministers ins Wasser. Aber der Mann wagte nicht, etwas dagegen zu unternehmen und so ritten die beiden Männer wieder zum Schloss zurück.

Zufälligerweise schwamm in dem Fluss ein dicker Baumstamm mit vielen Ästen. Da es Winter war, trug der kleine Junge dicke, wollene Kleider, die verhinderten, dass er starb. Ein Ast des dicken Baumstamms verhängte sich an des Knaben Kleider und rettete ihn so vor dem Ertrinken. Eine starke Strömung schob den Ast mit dem Kind ans Ufer. Dort bemerkte eine Gazelle die grünen Blätter an dem Ast, stieg ins Wasser und zog ihn, zusammen mit dem Kind, heraus. Nachdem sie die Blätter gefressen hatte, nahm sie das Kind mit sich und zog den Knaben mit ihren eigenen Kindern groß. So verging die Zeit und nach vielen Jahren wurde aus dem Knaben ein schöner, starker junger Mann.

Eines Tages ging der alte König wieder zum Jagen. Und es war ein geglückter Tag für ihn: er erlegte nicht nur einige Gazellen, sondern fand auch den jungen Mann und nahm ihn mit in seinen Palast, um ihn dort arbeiten zu lassen. Der Junge wurde älter und mit der Zeit noch schöner als zuvor. Eines Tages traf ihn die

Königstochter im Garten, als sie spazieren ging. Es war Liebe vom ersten Augenblick an, die beiden wurden unzertrennlich. Der Vater freute sich, eine so reine Liebe vor seinen Augen wachsen zu sehen und nachdem die Tochter ihrem Vater erzählte, sie wolle den Jungen heiraten, willigte der König sofort ein. Von nun an lebten alle drei sehr glücklich und zufrieden. Es war das Schicksal des Königs, nie zu erfahren, welche Überraschung das Leben für ihn bereit hielt.

Läge mein Haus in der Nähe von Deinem, hätte ich drei Säcke voll Rosinen mitgebracht. Der erste ist für die Frau, die Dich in zwei Monaten im Zug nach Mosul mitnehmen wird, und der zweite ist für die Frau, die Dich von dort nach Dohuk zu Deines Vaters Cousine senden wird, damit Du der Sommerhitze entfliehen kannst, und der dritte ist für die Frau, die neben Dir auf dem Dach schlafen wird.

Herr Ö

Aku Maku ...

Es war einmal in uralten Zeiten ein Kaufmann in Mosul. Eines Tages fuhr er nach Syrien, um dort seinen Geschäften nachzugehen. Da er drei Töchter hatte, fragte er jede nach ihren Wünschen. Die Wünsche der beiden älteren Töchter waren leicht zu erfüllen, der Wunsch der jüngsten Tochter aber war sehr merkwürdig – sie begehrte ein Perlenkleid, das zwischen zwei Walnussschalen gefaltet werden kann. Der Kaufmann verabschiedete sich, fuhr weg und kaufte und verkaufte was er wollte. Auf dem Rückweg nach Mosul hielt seine Karawane an, um zu rasten. Der Mann suchte Schatten unter einer Dattelpalme, um dort in Ruhe etwas frisches Brunnenwasser zu trinken. Da endlich erinnerte er sich an den Wunsch seiner jüngsten Tochter, den er ganz vergessen hatte. Ein langer Seufzer entstieg seiner Brust: »Weh, oh weh, oh, oh, oh!«

Plötzlich und ohne Vorwarnung erschien zwischen seinen beiden Händen ein schwarzer Riese, der sprach: »Hier bin ich! Zu Deinen Diensten, zwischen Deinen Händen bin ich Dein Sklave!« Der Kaufmann bekam einen so großen Schreck, dass er nach hinten auf den Stamm einer Dattelpalme fiel. »Wer bist Du?« »Ich bin der schwarze Diener, und Du hast mich gerufen. Ich bin Deinem Ruf gefolgt!« Die Antwort des Dämons verwirrte den Verstand des Mannes noch mehr und er versicherte ihm, er hätte kein Wesen gerufen. Daraufhin sagte der Dämon: »Aber mein Name ist Ö!«

Der Kaufmann zwang sich zu einem Lächeln und antwortete: »Ich habe nur geseufzt, weil ich den

Wunsch meiner jüngsten Tochter vergessen habe und ihn auch nicht erfüllen kann!« »Aber ich könnte ihn verwirklichen. Welches ist dieser Wunsch?« »Sie hat sich von mir ein Perlenkleid gewünscht! Und es soll so klein sein, dass man es in eine Walnuss legen kann. Es ist mir unmöglich, so etwas zu kaufen!« Für den Dämon aber erschien der Wunsch sehr leicht zu erfüllen. Im Nu schnippte er mit zwei Fingern und mit dem Laut zugleich erschien eine Walnuss und das Kleid dazu auf seiner rechten Handfläche. Der Kaufmann freute sich und lächelte, obwohl seine Angst noch immer nicht verflogen war. Er konnte es nicht glauben, und doch lag die Walnuss auf seiner rechten Hand. »Als Gegenleistung dafür«, sprach O, »musst Du Deine jüngste Tochter meinem Herrn zur Braut geben! Schmücke sie an einem Freitag mit einem Brautkleid und nimm sie mit auf das Dach Deines Hauses, damit ich sie holen kann.«

Da erschrak der Kaufmann sehr, als er das hörte – denn er liebte seine Tochter über alles. Er flehte den Dämon an, doch dieser beharrte auf seiner Forderung und warnte den Kaufmann davor, seinen Befehl nicht zu befolgen. Sonst werde er sein Haus mit allen Mitgliedern der Familie verbrennen. Nach diesen Worten verschwand der Dämon blitzartig und ließ den Kaufmann mit betrübtem Herzen zurück. Den ganzen langen Rückweg saß er mit gesenktem Kopf auf seinem Kamel und hing seinen traurigen Gedanken nach. Zuhause in Mosul angekommen, sah er die Freude auf jedem Gesicht seiner Familie. Er verteilte Geschenke und gab auch seiner jüngsten Tochter das Perlenkleid, nachdem er es aus der Walnuss herausgenommen hatte. Voller Freude zog sie es an und es war wie ein Wunder für die Augen.

Der Vater jedoch wurde mit jedem Tag trauriger und trauriger. Seine Frau merkte, dass etwas mit ihm nicht stimmte, dachte jedoch, dass er bei seinen Handelsgeschäften verloren habe und nicht davon erzählen wolle. Deshalb bemühte sie sich, alle Sorgen und Unruhe von ihm zu nehmen. Er aber wurde dadurch noch beklommener und ängstlicher, bis er es satt hatte und ihr eines Tages erzählte, was so schwer auf seinem Herzen lag. Seine Frau war entsetzt und hatte das Gefühl, ihr Herz werde zusammen gepresst wie eine ausgedrückte Zitrone. »So ein tragisches Schicksal soll meiner jüngsten Tochter nicht widerfahren, denn sie verdient einen Prinzen zum Gemahl und keinen Dämon.« Doch alles nahm seinen Lauf und an jenem vereinbarten Tag führten die Eltern ihre jüngste Tochter, geschmückt wie eine Braut, hinauf auf das Dach – ganz wie der schwarze Dämon es seinerzeit verlangt hatte. Kurz darauf näherte sich eine schwarze Wolke aus dem Nichts, die alles verdunkelte, was unter ihr lag. Sie kam näher und näher und wurde kleiner und kleiner, bis sie sich schließlich auf dem Dach des Hauses niederließ.

Dort bedeckte sie nur das Mädchen, nahm sie in ihre Mitte und flog mit ihr wieder hinfort. Weit, weit in den Himmel hinein, bis sie schließlich als winziges schwarzes Pünktchen im All verschwand und keine Spur hinterließ. Nach einem langen, langen Flug ließ sich die Wolke auf einem großen Palastdach nieder und blitzschnell verwandelte sie sich in den schwarzen Dämon, der das schöne Mädchen an seine Hand nahm und ins Innere des Palastes führte.

Was die Jungfrau dort sah, ließ ihr den Atem stocken. Alles um sie herum war von überwältigender Schönheit. Der ganze Palast bestand aus lauter Perlen, Juwelen und verschiedenen wunderschönen Edelsteinen. Der Dämon führte das Mädchen zu einem Zimmer, dessen Möbel sie unbeschreiblich schön fand und sprach zu ihr: »Von nun an bin ich Dein schwarzer Diener, und falls Du irgend etwas begehrst, so rufe nur meinen Namen, O, und ich erfülle augenblicklich Deinen Wunsch«. Das junge Mädchen war sehr beschäftigt mit ihrer neuen Umgebung und fing an, ihr Leben einzurichten. Sie war überglücklich mit dem, was sie dort vorfand. Hinzu kamen noch Hochschätzung und Wohlergehen durch O. All ihre Sehnsüchte und Wünsche wurden erfüllt, gleich ob sie möglich oder unmöglich waren. Selbst als sie eines Tages von O verlangte, er solle ihr den Mond bringen, hat O diesen Wunsch erfüllt. Und so saß der Mond neben ihr, um sie zu unterhalten, bis sie einschlief. Die Sonne schenkte ihr gar eine goldene Krone, wie sie es sich immer gewünscht hatte. Ab und zu besuchten sie der Mond oder die Sonne, immer abwechselnd, um ihr Märchen zu erzählen – Märchen und Geschichten von unbekannten Welten.

Abends brachte O der Jungfrau immer eine Tasse mit süßem Kaffee. Wenn das Mädchen davon trank, fiel es in einen tiefen Schlaf mit süßen Träumen. Doch eines Tages geschah, was geschehen musste: Die Sehnsucht eroberte das Herz des Mädchens und das Heimweh nach ihrer Familie und ihren Geschwistern wurde übermächtig. Ein Hauch von Traurigkeit überkam ihr Gesicht, was O nicht verborgen blieb. Er fragte das Mädchen wieder und wieder nach dem Grund ihrer Traurigkeit. Aber das Mädchen leugnete sie oder floh in Schweigen. Sie bemühte sich zu lächeln und versuchte O Glück und Freude zu zeigen.

Eines Tages überraschte O das Mädchen, indem er zu ihr sprach: »Wenn Du Sehnsucht nach Deiner Familie hast und sie sehen möchtest, werde ich Dich zu ihr bringen unter einer Bedingung, nämlich dass Du zu einer gewissen Stunde an einem gewissen Tag wieder auf dem Dach wartest, damit ich Dich hierher zurückbringen kann.« Das Mädchen war sehr glücklich darüber und gab zu, dass die Sehnsucht nach ihrer Familie ihr Herz schwer gemacht hat und ihr dies große Sorgen bereitet habe. O half ihr bei der Vorbereitung der Reise und nachdem das Mädchen die Geschenke für ihre Eltern und Geschwister beisammen hatte, die leicht zu tragen, aber schwer und teuer zu kaufen sind, nahm sie alles Gepäck mit auf den Rücken des schwarzen Dämon. Er flog mit ihr hoch in den Himmel hinein, weit über die sieben Meere, Täler und Gebirgsketten, bis sie endlich Mosul erreichten.

Dort landete er sicher mit dem Mädchen und all seinen Gaben auf dem Hausdach der Familie und wiederholte seine Mahnung, dass sie an einem bestimmten Tag, zu einer bestimmten Stunde hier auf dem Dach wieder bereit sein und auf ihn warten müsse. Dann wünschte er ihr einen schönen Aufenthalt bei ihrer Familie und im Nu verschwand die schwarze Wolke ins Nichts. Die ganze Familie war sehr überrascht und zutiefst erfreut, als sie die Tochter die Treppe herunterkommen sah. Alle überhäuften sie mit Küssen und die Freudentränen flossen reichlich. Und alle gaben ihrer Bewunderung Ausdruck über die Schönheit der jungen Frau. Die Rundungen ihres Körpers waren reifer und fester, wie bei einer erblühten Frau. Ganz genau betrachtete die Familie ihre Tochter und sie merkten, dass ihr Bauch rundlich war. Da freuten sie sich sehr und fragten: »Wann ist denn die Geburt des Kindes zu erwarten und welchen Namen hast Du gewählt?«

»Ich weiß nicht, wovon ihr redet«, antwortete das

Mädchen. »Ich habe keinen Ehemann und bin auch keinem Manne begegnet außer O, der mich nie angefasst hat. Sein ganzes Vergnügen besteht darin, mir meine Wünsche zu erfüllen.« Die Mutter aber blieb beharrlich mit ihren Fragen, und so erzählte die Tochter ihr schließlich von dem Kaffee, den sie an jedem Abend trinke und dass sie danach nichts mehr von ihrer Umgebung wahrnehme, weil sie in süße Träume und einen tiefen Schlaf falle. Da flüsterte ihr die Mutter ihr ins Ohr: »Lege einen kleinen Baumwollballen vor Deine Brust in Dein Kleid. Wenn O Dir den Kaffee bringt, trinke ihn nicht, sondern gieße ihn in die Baumwolle. Dann wird die Wolle den Kaffee aufsaugen und Du täuschst nur vor zu schlafen und wartest, was geschehen wird.« Diese Idee gefiel der jungen Frau sehr und sie versprach ihrer Mutter, es zu tun. Die ganze Familie war damit beschäftigt, das Mädchen auf den Tag und die Stunde vorzubereiten. Alle gingen gemeinsam auf das Dach und warteten auf O. Nach einer kurzen Weile erblickten sie eine schwarze Wolke unter dem blauen Himmel, die sich der jungen Frau näherte, sie einhüllte und mit sich fort trug.

Die Familie blieb noch auf dem Dach, bis die Wolke am Horizont nicht mehr zu sehen war. O erreichte den Palast und das Mädchen unterhielt sich lange mit der Sonne, die ihr ein goldenes Bett mit goldenen Kleidern für das kommende Kind schenkte. Am Abend plauderte das Mädchen mit dem Mond, der ihr eine silberne Bettdecke dazu gab. Außerdem verkündete ihr der Mond, dass sie einen Sohn gebären werde, der ein schönes, silbern schimmerndes Gesicht haben werde, strahlend von Licht und Schönheit.

Zur Schlafenszeit brachte O der jungen Frau wie gewohnt den süßen Kaffee. Und wie besprochen gab das

Mädchen vor, den Kaffee zu trinken. In Wirklichkeit jedoch goss sie den Kaffee in die versteckte Baumwolle, die ihn schnell aufsaugte. Das Mädchen gähnte und gab vor, zu schlafen. Nachdem O sich versichert hatte, dass sie tief in Schlaf gesunken war, ging er hinaus und ein junger Mann trat in das Zimmer von solcher Schönheit, dass es schien, als hätte er die Schönheit des Mondes und die Strahlen der Sonne geliehen. Er küsste und liebkoste das Mädchen, legte sich dann dicht zu ihr auf das Lager und schlief ein. Nach einer Weile öffnete sie ihre Augen ein wenig und sah in seinen lockigen Haaren einen kleinen, goldenen Schlüssel und an seinem Bauchnabel ein Schloss aus Perlen hängen. Das Mädchen drängte es, hinter das Geheimnis zu kommen, aber sie hatte auch große Angst vor dem schönen

Mann, der neben ihr lag. Sie erkannte ihn als ihren Ehemann und spürte, dass er der Vater des Kindes in ihrem Bauch war.

Lange lag sie wach neben ihm und wartete, bis er tief und fest schlief. Dann nahm sie vorsichtig den kleinen goldenen Schlüssel aus seinen Haaren und öffnete das kleine Perlenschloss, das seinen Bauchnabel verschloss. Ganz sacht drehte das Mädchen den kleinen Schlüssel herum, da öffnete sich auf wundersame Weise der Bauch. Es schaute hinein und sah zu seinem Erstaunen einen Markt mit buntem Treiben. Neugierig stieg sie in den Bauch ihres Ehemannes hinein und sah, dass sie am Anfang des Marktes stand.

Auf der linken Seite bemerkte sie ein kleines Schneidergeschäft, in dem Kleider genäht werden. Sie ging hinein und fragte den Schneider, was er mache. Der Mann erwiderte: »Ich schneidere ein Kleid für ein neugeborenes Kind – mit Perlen.« Das Mädchen ging wieder auf den Markt und sah eine Schreinerei, in der alle sehr beschäftigt waren. Sie ging auch dort hinein und fragte den Schreinermeister was er denn baue. »Ich baue ein Bett für ein Kind – aus edlem Holz, mit Perlen verziert!« Das Mädchen ging wieder hinaus und sah eine Bäckerei, mit so süßen gebackenen Torten, Kuchen und Pasteten, wie sie es noch nie zuvor gesehen hatte. Sie kostete davon und der Geschmack war wunderbar. Da bemerkte sie eine große, mit Perlen geschmückte Torte. Sie zählte mit ihren Fingern die vielen Tortenschichten und als sie bei hundert angekommen war und immer noch nicht am Ende, vergaß sie die Zahl. »Für wen ist diese wunderschöne Torte?«, fragte das Mädchen den Bäcker. »Diese schöne Torte ist für ein neugeborenes Kind!«, antwortete ihr der Bäcker.

Da ging das Mädchen hinaus und sah eine Schmiede. Der Schmied war fleißig bei seinem Handwerk. Er schmiedete wunderschöne Armbänder, eine Fußkette, eine kleine Kette und eine lange, die vom Handgelenk bis zum mittleren Finger reicht. Alles war mit großen und kleinen Perlen verziert. »Was tust Du hier?«, fragte das Mädchen. Ohne von seiner Arbeit aufzusehen, antwortete er: »Ich entwerfe schönen Schmuck mit Perlen für ein neugeborenes Kind.« Die junge Frau ging wieder auf den Markt und auf diese Art und Weise besuchte sie noch den Eisenschmied, den Schuster, den Weber, den Töpfer, den Puppenmacher, den Koch, den Korbflechter, und viele andere mehr. Alle fragte sie nach ihrer Tätigkeit und alle antworteten ihr, dass sie ihre Kunstwerke für ein neugeborenes Kind schaffen.

Große Bewunderung erfüllte das junge Mädchen und es fürchtete, dass ihr Ehemann vielleicht bald aufwachen werde. Deshalb eilte sie schnell aus seinem Bauch heraus. Und wirklich, kaum war sie herausgetreten, hatte gerade das Schloss wieder versperrt und den kleinen goldenen Schlüssel in die Haare gehängt, als der junge Mann erwachte. Sie erschrak und wich zurück. Ihrem Mann verkrampfte sich das Herz, er wurde wütend und seine Augen feuerrot. Er tadelte seine Frau scharf und zitternd rief er O zu sich, der im Nu und aus dem Nichts vor ihm erschien. »Schaff sie weg von mir. Töte sie und bringe mir ihr Blut. Aber sofort!«, befahl der junge Mann seinem Diener. O nahm die Frau mit sich und ging zu einem gottverlassenen Platz.

Allein es fiel ihm schwer den Befehl seines Herrn auszuführen, weil er sich daran erinnerte, dass er ihrem Vater einst versprach, es werde dem Mädchen kein Unheil zustoßen. O erlegte eine Gazelle, schlachtete sie und brachte das Blut seinem Herrn. Das Mädchen aber ließ er ausserhalb eines großen Palastes zurück, der genauso aussah, wie der Palast seines Herrn. Er erzählte ihr, dass dieser Palast der älteren Schwester seines Herrn gehöre, danach flog er von dannen. Das Kind im Bauch des Mädchens wuchs und wurde mit jedem Tag größer. Aber seine schwangere Mutter war völlig erschöpft vom Herumirren und der Suche nach etwas Essbarem. Ihre Füße hatten Risse vom langen und vielen Laufen und ihr Gesicht wurde von Tag zu Tag blasser. Großer Hunger plagte sie, denn sie fand nichts außer den Abfällen, die man aus dem Palast hinauswarf.

Aber alles Schlimme hat auch sein Gutes. Eine Dienerin des Schlosses sah das schwangere Mädchen vor den Toren des Palastes und erzählte ihrer Herrin davon. Diese hatte Mitgefühl und wies die Dienerin an, die werdende Mutter aufzunehmen und ihr im Quartier der Dienerinnen ein Lager zu bereiten. Endlich konnte sich die junge Frau ein wenig ausruhen, doch ihr Herz fand keine Ruhe. Immer wieder ergriff sie die Reue ihrem Mann gegenüber. Seitdem sie seine Schönheit gesehen hatte, war ihre Liebe zu ihm noch größer. Eines Tages kam O zu dem Palast und meldete der Schwester seines Herrn, dass sein Gebieter ihr morgen einen Besuch abstatten werde. Die Schwester befahl den Dienerinnen, alles zu säubern, da der Herr von O morgen kommen werde und es gab viel zu tun für die Dienerschaft – Schafe wurden geschlachtet, Tische wurden in Reihen gestellt und alles, was für den Menschen köstlich und erfreuend war, auf die Tische gestellt.

Die junge Frau und werdende Mutter schlich sich mit den anderen in den Festsaal, der Herr von O war eingetroffen. Am liebsten wäre die junge Frau sofort zu ihm gelaufen, um ihn um Verzeihung zu bitten, aber etwas hielt sie zurück. Nach dem köstlichen Abendmahl, als alle getrunken und gesungen hatten, fragte die Schwester ihren Bruder nach dessen Frau. Da erzählte dieser seiner Schwester, was sie getan hatte und dass er O den Befehl gab, sie zu töten. Die Schwester stimmte ihrem Bruder zu: »Du hast recht daran getan, ein solch undankbares Geschöpf, das dein Geheimnis entschleiert hat, zu töten.« Seine junge Frau stand dicht neben den beiden und lauschte ihrem Gespräch. Als sie die Antwort der Schwester des jungen Herren hörte, überkam sie große Angst und sie entfloh auf der Stelle. Sie fürchtete, dass man nicht nur sie, sondern auch O töten werde, weil er sie verschont hatte.

So lief sie schnell weg von diesem Palast und erreichte nach einer langen Wanderung einen anderen Palast, der dem der Schwester ihres Mannes sehr ähnlich sah. Die junge Frau war völlig erschöpft und ihre Füße bluteten, aber das Tor des Palastes war verschlossen. Da schlief sie vor dem Eingang im Staub und aß Gräser und was sie im Abfall fand. So sank sie in einen tiefen Schlaf. Irgendwann erwachte sie und sah eine Dienerin, die den Abfall vor den Palast warf. Ihre Augen begegneten sich und die Dienerin hatte Mitgefühl. Sie lief in den Palast und berichtete ihrer Herrin davon. Die Herrin befahl der Dienerin, die junge Frau in den Palast zu holen und ihr ein Lager bei den anderen Dienerinnen einzurichten. Sie tat, wie ihr befohlen wurde und gab der Schwangeren ein Zimmer mit Kleidern und zu essen.

Die Herrin des Palastes fühlte sich sehr glücklich darüber, daß sie die werdende Mutter vor dem sicheren Tod gerettet hatte. Das Kind im Bauch wurde mit jedem Tag größer und größer und der Bauch höher und höher. Eines Tages sah sie O im Palast, welcher der Herrin des Palastes den Besuch ihres Bruders ankündigte. Die Schwester befahl allen Dienern und Dienerinnen den Palast zu säubern. Jetzt wurde der schwangeren Frau klar, daß die Palastherrin die mittlere Schwester ihres Ehemannes war. Ein Schaf wurde geschlachtet und die Tische mit köstlichem Trank und Speisen zum Genuss bedeckt. Die junge Frau versteckte sich vor Os Augen und vor den Augen ihres Ehemannes, der kurz darauf im Palast seiner mittleren Schwester ankam. Wieder belauschte die junge Mutter die Schwester, die ihren Bruder nach seiner Ehefrau fragte. Er sagte ihr, dass er O den Befehl gab, sie zu töten, nachdem sie sein Geheimnis entdeckt hatte. Darauf meinte auch diese Schwester: »Du hast gut daran getan. Wie konnte das undankbare Geschöpf es wagen.«

Als die werdende Mutter dies hörte, war sie kurz entschlossen und lief weg, um sich und O zu retten. Sie lief und lief und ein Teil der Erde schien ihr steinig, ein anderer Teil schien ihr eben. Sie lief so lange, bis sie eine schöne Gegend enreichte, wo sich ein weiterer großer Palast befand. Er sah aus, wie die anderen beiden Paläste, die den Schwestern ihres Ehemannes gehörten. Deshalb versteckte sie sich weit weg von dem Tor im tiefen Wald. Sie war erschöpft und aß was sie finden konnte, ihre aufgerissenen Finger bluteten. Endlich kam über ihre Augen der Herrscher des Schlafes, dessen Macht unbesiegbar ist. Bevor sie einschlief spürte sie noch starke Bauchschmerzen. Nach dem Aufwachen hatte sie die Schmerzen immer noch, die ihr unerträglich schienen. Deshalb ging sie zu dem Tor des Palastes.

Inzwischen fing das noch ungeborene Kind an, mit seinen Füßen an die Tür des Bauches anzuklopfen, als ob es sofort heraus gehen wollte. Eine Dienerin hörte das Klopfen der Frau, ging zur Palasttür und fand sie in den Wehen. Schnell rannte sie zu ihrer Herrin und berichtete ihr davon. Diese hatte großes Mitgefühl und befahl der Dienerin, sie unverzüglich in den Palast zu holen. Gesagt, getan. Dort ließ die Herrin ihre eigene Hebamme kommen, die der Frau bei der langen Geburt half. Die Geburt war nicht einfach, aber – Gott sei Dank – geglückt. Sie gebar einen Knaben, dessen Haare in zwei Farben geteilt waren: golden und silbern. An den Haaren hing ein goldener Schlüssel und auf seinem Nabel war ein silbernes Schloss. Das Gesicht des Kindes war wie der Mond und seine Haare waren wie die Sonne – es sah genau aus wie sein Vater.

Sobald die Augen der Palastherrin darauf fielen, erkannte sie das Abbild ihres Bruders, dessen jüngste Schwester sie war. In der Mutter des Kindes erkannte sie die Frau ihres Bruders. Die Liebe der Schwester für die junge Mutter war unermesslich. Nachdem die beiden, Mutter und Kind, ihre Kräfte wieder erlangt hatten, vertraute sie sich der jüngsten Schwester an und erzählte ihr die ganze Geschichte. Da wurde die Palastherrin sehr traurig und entschloss sich, mit ihrem Bruder zu reden um die beiden wieder zu versöhnen. Eines Tages kam O zu dem Palast und meldete der Herrin, dass ihr Bruder ihr am nächsten Tage einen Besuch abstatten wolle. Da befahl sie den Dienerinnen und Dienern den Palast zu säubern und zu verschönern, bevor der Herr von O zu seinem Besuch eintreffe. Die Diener erfüllten ihre Pflicht bestens – man schlachtete ein Schaf und auf die Tische wurden köstliche Speisen gestellt.

Nachdem der Herr und O eingetroffen waren und sie gemeinsam Speis und Trank, Gesang und Tanz genossen hatten, fragte die Herrin des Palastes ihren Bruder nach seiner Frau. Er erzählte ihr, dass er O den Befehl geben habe, sie zu töten, nachdem sie sein Geheimnis erkannt hatte. Seine jüngste Schwester missbilligte dies entschieden und tadelte ihn. Da überkam eine große Traurigkeit sein Gesicht und er gestand: »Ich liebe meine Frau sehr und seit dem Befehl, sie zu töten, habe ich keine Glückseligkeit mehr gefühlt. Tief in meinem Herzen bin ich todtraurig. Aber was meine Ehefrau mir angetan hat, war schlimm für mich.« »Aber mein Bruder, es darf kein Geheimnis zwischen einem Mann und seiner Ehefrau geben! Das gemeinsame Leben verlangt, dass der Mann seine Geheimnisse seiner Frau gegenüber offen legt, und die Frau ihre Geheimnisse gegenüber ihrem Mann«, so sprach die Schwester.

Da erkannte der Bruder, dass seine Schwester Recht hatte, und sagte voll Trauer: »Mein Urteil fiel früher als deine Vorwürfe und Belehrungen. Es ist zu spät!« Da rührte die Schwester seine tiefe Traurigkeit und es tat ihr sehr weh. Sie lief zu dem Zimmer, in dem die Mutter und das Kind warteten, und brachte beide zu ihrem Bruder. Dieser war vor Freude außer sich. Er nahm das Kind und küsste es, während seine Frau seine Hände küsste. Er küsste ihren Kopf und ihre Wangen und wendete sich dann O zu. Als Gegenleistung für seine Untreue, die ihm seine Frau und sein Kind gerettet hatte, schenkte er ihm seine Freiheit. O küsste seine Hände, die Hände seiner Frau, das Kind und die Hände seiner Schwester und sagte zu seinem ehemaligen Herrn: »Wenn Du mich brauchst, sag nur O, und ich werde im Nu zwischen deinen beiden Händen erscheinen!«

Dann flog O in den blauen Himmel und in Sekunden war er nur noch ein Pünktchen, das bald verschwand. Die glückliche Familie verbrachte noch einige Tage im Palast der Schwester. Dann fühlte der Bruder Sehnsucht nach seinem eigenen Palast. O – trotz seiner unendlichen Entfernung von ihm spürte diese Sehnsucht, und blitzschnell tauchte er zwischen den beiden Händen seines ehemaligen Herrn auf. Alle stiegen auf seine Schultern und flogen auf seinem Rücken zu ihrem Palast zurück. Nachdem sie alle heil gelandet waren, verabschiedete sich O und war wieder verschwunden.

Läge mein Haus in der Nähe von Deinem, hätte ich drei Säcke voll Rosinen mitgebracht, den ersten für die Frau, die Dich morgen zu Dr. Baitthun Rassam mitnehmen wird, den zweiten für die Frau, die morgen das indische Mittel »Amrut Andschan« gegen Kopfweh kaufen wird, und den dritten für die Frau, die Dir wünscht, dass Du nimmer Kopfweh haben wirst.

Schakale und Hunde

Aku Maku …
Es war einmal und Gott verleihe dem Sultan den Sieg.

Es war einmal eine Hundeschar, die außerhalb einer Stadt lebte. In der Stadt aber lebte ein Rudel Schakale. Jede Gruppe war mit ihrem Lebensraum zufrieden. Die Hunde hatten einen größeren und freieren Raum, mitten in der Natur, aber oft wenig zu essen. Denn manchmal war es gefährlich auf die Jagd zu gehen und nicht immer waren sie erfolgreich. Das Leben der Stadtschakale schien bequemer zu sein, denn es gab immer im Überfluss zu essen, Wärme und Sicherheit. Dennoch lebten die Stadtschakale mit den engen Wänden und im begrenzten Raum der Häuser und Gassen. Die beiden Tiere hatten noch nie voneinander gehört, sich gesehen oder einmal von der Ferne gerochen. Eines Tages geschah, was geschehen musste. Der Führer der Schakale wagte es, außerhalb der Stadt-

mauern spazieren zu gehen. Er sah den freien Himmel und die schwarzen Wälder, voll mit verschiedenen kleinen und großen Tieren, die er noch nicht einmal im Traum gesehen hatte.

Plötzlich stand ein Hund vor ihm. Sie näherten sich langsam einander, vorsichtig und nicht frei von Angst beschnupperten sie sich von vorne und hinten und dachten beide:»Ob das wohl eine neue Hunde- oder Schakalrasse ist?«

»Guten Tag!« »Guten Tag!«

»Woher kommst du? Und wie ist dein Name?«

»Ich komme aus der Stadt und mein Name ist Schakal. Und Du?«

»Ich komme aus dem Wald und mein Name ist Hund.«

Kurz gesagt, sie unterhielten sich sehr gut und auf einmal kam dem Schakal eine Idee. »Sag mal, was hältst Du davon, wenn wir unsere Heimat einmal für kurze Zeit tauschen?« »Was meinst Du damit?«, fragte der Hund. »Es ist so einfach: Wir Schakale geben Euch Hunden unsere Heimat und ihr Hunde gebt Eure Heimat uns Schakalen, aber nur für eine gewisse Zeit. Sagen wir für einen Mond (Monat), um ein Picknick zu machen. Für uns beide wäre es eine kleine Klima- und Umgebungsveränderung, dazu brauchen wir nur ein Abkommen zu unterzeichnen. Was sagst Du dazu?« »Wunderbar! Ich glaube, es wird uns allen sehr gut gefallen!« Innerhalb von zwei Tagen war das Abkommen von den bei den Führern unterschrieben und gültig.

Kein Stadtbewohner bemerkte die große Wanderung der Tiere, weil für sie alle gleich aussahen. So verließen die Schakale zum ersten Mal in ihrer Geschichte die Stadt, um das Leben im Freien zu genießen. Begeistert waren auch die Hunde, denn das Stadtleben war so völlig anders. Der Monat verging für beide, als ob es ein Tag wäre! So schnell geht die Zeit vorüber bei frohen und glücklichen Menschen und Tieren. Aber der Hundeführer hielt sein Versprechen nicht ein. Er kam nicht wie vereinbart, nach diesem Monat mit seiner Sippe zum Treffplatz außerhalb der Stadt. Das missfiel dem Führer der Schakale sehr. Die Gesichter der Schakale wurden bleich und die Farbe ihres Urins dunkelgelb. Sie bekamen Angst, betrogen worden zu sein. Daraufhin schlich sich der Führer der Schakale durch die Stadttore und ging zu dem Hund:

»Guten Tag.« »Guten Tag.«

»Das Abkommen zwischen uns ist seit zwei Tagen abgelaufen. Ihr müsst jetzt raus aus der Stadt, aus unserer Heimat!« »Wovon redest du? Was für ein Abkommen?«, fragt der Hund. »Was? Unser Abkommen, das wir vor 3O Tagen unterschrieben haben!«, entgegnete der Schakal. »Bist Du etwa verrückt? Wer liest, wer schreibt so etwas, Du lächerlicher, furzender Schakal! Scher Dich mit deiner Sippe zum Teufel!« Das hat den Schakalen für ewig das Herz gebrochen. Und seit diesem Tage heulen die Schakale immer so laut vor den Toren der Stadt, wie gestern Nacht, lieber Nadschimi, sie heulen, weil sie ihre Heimat verloren haben.

Läge mein Haus in der Nähe von Deinem, hätte ich drei Säcke voll Rosinen mitgebracht. Der erste ist für die Frau, die weder Ohrringe noch Halskette oder normale Ringe trug, der zweite für die Frau, die immer den Nachbarn vor dem Haus wählte, und der dritte ist für die Frau, die Deinem Vater sagte, er soll Dich morgen zu seinen Geschäften mitnehmen, damit Du die ausländischen Illustrierten durchblättern kannst.

Der verlorene Hund

Aku Maku ...
Es war einmal und es war viel. Vertrau auf Gott!

Es war einmal ein reicher Mann, der seine Ländereien besuchen wollte. Auf seinem Weg kam er bei einigen Leuten vorbei, die Dattelpalmen und einen schwarzen Sklaven hatten, der sich für seinen Tageslohn schwer plagen musste. Sein Lohn reichte für nicht mehr als drei Brote am Tag. Der reiche Mann setzte sich unter eine Dattelpalme, um sich im Schatten etwas abzukühlen und sah, wie der Sklave seine drei Fladenbrote aus seiner Tasche nahm, um sie zu essen.

Da kam ein Hund vorbei und näherte sich dem Sklaven, der ihm das erste Fladenbrot zuwarf. Der Hund fraß sehr schnell und der Sklave warf ihm auch die anderen beiden Brote noch zu. Der Hund fraß alles auf und der Reisende schaute den Mann verwundert an und fragte ihn:

»Junger Mann, wieviel ist Dein Lohn am Tag?«

»Das was Du gesehen hast!«

»Warum hast Du aber dem Hund die Bevorzugung gewährt?«

»Ach, es ist deswegen, weil unsere Gegend hundelos geworden ist. Ich glaube, dieser Hund ist von weit her zu uns gekommen und bestimmt hungrig! Ich wollte ihn nicht weg schicken!«

»Was wirst Du nun machen, da Du keine Speisen mehr für Dich hast?«

»Ich werde heute Abend hungrig schlafen gehen!«

Da sagte der reiche Mann zu sich: »Bei Gott, so eine Freigebigkeit habe ich noch nie gesehen!« Er ging zu dem Sklavenbesitzer und kaufte alle Dattelpalmen mitsamt dem Sklaven, befreite ihn und schenkte ihm alle Bäume!

Läge mein Haus in der Nähe von Deinem, hätte ich drei Säcke voll Rosinen mitgebracht: Der erste ist für die Frau, die heute Abend neben Dir auf dem Dach schlafen wird, der zweite ist für die Frau, die einen Teil der Wassermelone für Dich in den Keller gelegt hat, um sie zu kühlen, und der dritte ist für die Frau, die Dich morgen mit Deinem Vater zum Ohrenarzt schicken wird.

Beim Essen kein Reden

Aku Maku ...
Es war einmal – vertrau auf Gott!

Es war einmal ein reicher Herrscher, der hörte, dass ein liebenswürdiger Schmarotzer auf einer Reise war und in seiner Stadt weilte. Da schickte er ihm einen Boten, um ihn einzuladen. Am nächsten Tag kam der Schmarotzer zu dem reichen Herrscher – mit leerem Bauch versteht sich. Der Gastgeber bat ihn, eine Geschichte zu erzählen. Der Schmarotzer fing an:

»Es war einmal und Gott verleihe dem Sultan den Sieg. Es war einmal ein Mann ... « Kaum hatte er diesen Satz beendet, sah er Dienerinnen und Diener die Speisen herein tragen, von denen der Dampf in Spiralen empor stieg. Der ganze Raum war voll köstlicher Gerüche für Nase, Augen und Zungen und dem Schmarotzer lief das Wasser im Munde zusammen.

Er hörte augenblicklich auf zu erzählen, als ob er von Stummheit befallen worden sei. Der Herrscher war verwirrt, und sagte ungeduldig zu dem Mann: »Ja, gut und weiter?«

»Er starb!«, erwiderte der Schmarotzer in seinem benebelten Zustand.

Läge mein Haus in der Nähe von Deinem, hätte ich drei Säcke voll Rosinen mitgebracht. Der erste ist für die Frau, die gezwungen war, ein Haus zu verkaufen, der zweite ist für die Frau, die nicht schwimmen konnte, und der dritte ist für die Frau, die nicht müde wird, Dir Ratschläge zu geben, tue nie jemandem dasselbe an, was man Dir angetan hat.

Sei kein Borger

Aku Maku ...
Es war einmal in fernen Zeiten, als das Tierfell noch Tausch-
mittel war.

Da lebte ein Fuchs, der wegen des furchtbar kalten Winters ständig fror. Tage und Nächte schneite es und weit und breit war nichts zu essen zu finden. Der Fuchs sah keinen anderen Ausweg aus seiner miserablen Lage, außer, den alten Schakal darum zu bitten, ihm ein Fell zu leihen.

»Guten Tag, Herr Schakal!«

»Guten Tag, Herr Fuchs! Was bringt Dich zu mir in diesen grauen Tagen?« »Ja, es ist grausam! Ich bin gezwungen zu Dir zu kommen.«

»Na, dann setze Dich und erzähle mir, was Du auf Deinem Herzen hast.«

»Ja, weißt Du, ich möchte ein dickes, gutes, neues und billiges Fell von Dir leihen. Ich werde es Dir doppelt nach einem Jahr zurückgeben. Sei mir bitte gnädig und borge mir ein Kamelfell.«

»Ich höre und gehorche«, sprach der Schakal, »nimm bitte dieses dort. Es ist dick, gut, neu und billig!«

Dankend warf der Fuchs das Fell auf seine Schultern, verabschiedete sich höflichst vom Schakal und ging mit geradem, aufrechtem Haupt fort. Das Jahr ging vorbei und siehe da, kein Zeichen vom Fuchs. Ein zweites, drittes, viertes und fünftes Jahr ging vorbei und der Fuchs kam nicht zum Schakal, um seine Schulden zu begleichen. Nichts bewegte sich von Seiten des Fuchses. Da wurde dem Schakal klar, dass er das Sprichwort vergessen hatte: Mit den Wölfen muss man heulen! Und Füchse sind Schlauköpfe, genauso wie die

Schakale! Wie konnte der alte Schakal diese Weisheit vergessen haben! Es schien ihm, sein Herz hatte schneller gehandelt als sein Verstand, als der Fuchs vor sechs Jahren beinahe erfroren in seiner Grube stand.

Der Schakal machte sich auf den Weg, um den Fuchs zu finden. Es war Sommer und nach langem Hin und Her traf er ihn, fragte nach seinem Befinden und dann nach den Schulden. »Nächstes Jahr gebe ich die Schulden zurück. Ich schwöre es Dir.« Der alte Schakal wollte keine Auseinandersetzung mit dem Fuchs und schenkte ihm erneut Glauben. Die Sonne, der Mond und die Sterne waren wieder um die Erde gekreist und es musste so kommen, wie es kommen musste – die beiden trafen sich, und wieder ging der Schakal mit leeren Händen.

Beim nächsten Treffen allerdings war der Schakal so wütend, dass er sich entschloss, den Fuchs mit Fragen und Beharrlichkeit zu drängen. So kam es:

»Guten Tag!«sagte der Schakal!»Guten Tag!«

»Wann wirst Du Dein Versprechen einlösen und Deine Schulden bezahlen?«

»Bald, schneller als Du denkst!«

»Wann bald?«

»Ich sage Dir, endlich hat Dein Problem ein Ende gefunden!«

»Ja gut, wann und wie?«

»Ich habe mir ein gutes Unternehmen erdacht!«

»Und das wäre?«

»Im kommenden Jahr, vor dem Einzug des Frühlings, werde ich Dornen auf dem Weg der Schafherde einsäen!« »Ja, und?«

»Ja, dann müssen wir noch warten, bis die Dornbüsche gewachsen sind.»

»Und weiter?«

»Wenn die Dornbüsche groß und grün sind, werden sie stark und stachlig.« »Ja, und?«

»Wenn die Schafherde in der Nähe der Dornbüsche vorbeiläuft … « »Ja, und?«

»Unterbreche mich nicht, Herr Schakal! Wo war ich jetzt stehen geblieben?«

»Beim Vorbeikommen der Schafherde.«

»Ah ja, wenn die Schafe sehr nahe bei den Dornbüschen vorbeilaufen, dann werden die Dornen die Wolle vom Fell rupfen, wie eine alte Frau die Federn vom Huhn rupft.«

»Ja, und dann?«

»Dann muss ich mit meiner Familie an die Arbeit gehen und die Wolle auflesen!« »Und weiter?«

»Nachdem wir die Wolle eingesammelt haben, müssen wir sie waschen und säubern!«

»Ja, und?« Der Schakal war außer Atem.

»Nach dem Waschen kommt das Sortieren.«

»Und?« Der Schakal wurde sehr unruhig.

»Das Sortieren nach der Farbe. Und dann das Kämmen!«

»Ja, und?« Die Augen des Schakals wurden größer und größer.

»Ja, und nach dem Kämmen müssen wir die Wolle mit der Hand auf die Spindel spinnen.« »Ja, und?«

»Wir liefern die Wolle dann an die Spinnereien.« »Ja, und?«

»Nach der Spinnerei müssen wir sie zu Wollknäueln verarbeiten.« »Schon gut, und weiter?«

»Dann tauschen wir die Wolle in ein Kamelfell um!« »Ja, und?«

»Dann kann ich meine Schulden bei Dir gerne und mit Dankbarkeit bezahlen!«

»Wieviel Zeit brauchst Du dafür?«

»Noch fünf Jahre oder mehr!«

»Du spinnst wohl!«, sagte der Schakal ohne sich dessen bewusst zu sein.

»Willst Du mich etwa beleidigen? Ha? Es scheint, Du hast vergessen, wo Du bist und mit wem Du redest!« Jetzt knirschte der Fuchs mit seinen Zähnen. Sie waren lang und spitz und blutdürstig. Dem Schakal schien die Stunde geschlagen zu haben, denn Gefahr tropfte vom Mund des Fuchses.

»Schon gut! Ich habe verstanden. Dann treffen wir uns in fünf Jahren wieder, falls wir beide noch am Leben sind! Wer kann uns dessen schon versichern?«

Läge mein Haus in der Nähe von Deinem, hätte ich drei Säcke voll Rosinen mitgebracht. Den ersten für die Frau, die Dir strengstens verbietet, alleine im Tigris zu schwimmen, den zweiten für die Frau, die morgen ein Schaf für die armen Leute opfern wird, und den dritten für die Frau, die Dich und Deine Geschwister nach Mosul und Dohuk zu Deinem Onkel und Deiner Tante väterlicherseits mitnimmt, um der quälenden Hitze zu entkommen.

Der nicht erwartete Reisende

Aku Maku ...
Es war einmal, und auf Gott sollst Du vertrauen.

Es war einmal ein Reisender aus Basra, der auf der Suche nach seinem Glück in den Norden ging. Doch der Weg war sehr lang und eine erbarmungslose Hitze lag über der Wüste, so dass der Mann sehr müde wurde. Sein Durst war groß und er lief auf seinem Weg, der ihm unerwartet lang erschien. Da tauchte am Horizont, wie aus dem Nichts, eine Staubwolke auf. Der Mann erkannte einen Reiter auf einem Pferd, das schnell wie ein Vogel im Fluge lief. Froh, den Reiter erblickt zu haben, rief und winkte er ihm zu. Dieser sah den Einsamen in der Wüste und ritt zu ihm. »Bitte«, sagte der Wanderer, »ich wollte in die Stadt im Norden, um mein Glück zu finden. Doch der Weg ist zu lang und die Sonne zu stark. Ich bin erschöpft und habe großen Durst. Bitte, kannst Du mich auf Deinem Pferd mit zurück nehmen?«

»Gewiß kann ich das«, antwortete der Reiter, »ich muß tatsächlich nach Basra. Ich habe dort einige Arbeit zu erledigen, und kann Dich mitnehmen!« »Danke«; sprach der Erschöpfte. »Doch sollst Du vor-

her wissen, wer ich bin!«sprach der Reiter auf seinem Pferd. »Wer bist Du?« »Nun, ich bin der Tod, ich mache alles gleich und bin gerecht!« Als der Mann das hörte, erschrak er wie nie zuvor in seinem Leben und sprang einen großen Satz zurück. »Der Tod ... «, stammelte er, »nein, dann nimm mich nicht mit zurück nach Basra. Reite alleine weiter und lass mich in Ruhe.« »Du hast mich gerufen«, sprach der Tod und ritt in Windeseile auf seinem Pferd davon. Hinter ihm war seine Staubwolke noch lange zu sehen.

Der verängstigte Glückssucher ging zitternd und dürstend weiter seinen beschwerlichen Weg. Doch die Sonne brannte glühend heiß und es gab keinen Schatten, wo er sich niedersetzen und ausruhen konnte. Er ging und ging und seine Schritte wurden schwerer und kürzer. Schließlich sackte er zusammen und fiel auf den heißen Boden. Die Sonne ging langsam unter, da sah der Erschöpfte wieder eine Staubwolke am Horizont. Der Reiter auf seinem Pferd kam wieder zurück. Doch diesmal war der Mann zu schwach, um zu rufen oder zu winken. Er hörte nur noch Pferdehufe, die langsam näher kamen und dann die Schritte des Reiters, der sprach: »Der Friede sei mit Dir!« Daraufhin half er dem Mann hoch und nahm ihn mit sich hinfort.

Wie immer schloss meine Großmutter Chadischa ihr Märchen mit:

»Rihna indkum wa – dschena«. Wir waren bei Euch und sind wieder zurück. Und läge mein Haus in der Nähe von Deinem, hätte ich drei Säcke voll Rosinen mitgebracht, den ersten für die Frau, die ein Zimmer für Tante Kaukab gemietet hat, den zweiten für die Frau, die ein Haus in Al-Adamiyah kaufen wird, und den dritten für die Frau, die einige Rosensträucher an einer Ecke im Hof gepflanzt hat.

Die Schmähung

Aku Maku …
Es war einmal, vertrau auf Gott!

Es waren einmal ein Mann und ein Löwe, die gute Freunde waren. Der Löwe, welcher der König des Dschungels war, erlaubte dem Mann die Tiere seines Königreichs zu jagen. Eines Tages waren die Freunde wieder einmal beisammen, als der Mann einen schlechten, verfaulten Geruch aus dem Maul des Löwen bemerkte. Der Geruch war unerträglich für ihn und es wurde ihm beinahe übel davon.

Da sprach er zu dem Löwen: »Du, hör mal, Dein Maul stinkt!« »Ach ja?«, antwortete der Löwe traurig, »das wusste ich nicht!«

Nach einer Weile sagte der Löwe zu seinem Freund: »Du, bitte, bringe mir jene Axt!« Der Mann ging und brachte dem Löwen die Axt.

»Was willst Du damit tun?«, fragte der Mann.

»Weißt Du was, ich möchte Dich bitten, dass Du sie mir auf den Kopf schlägst! Ja, ich meine, was ich Dir sage! Bitte, schlage die Axt auf meinen Kopf!«

»Das ist doch nicht Dein Ernst! Warum?«

»Ach, weißt Du, es juckt mich! Tu, was ich Dir sage! Bin ich nicht Dein Freund?«

Da nahm der Mann die Axt in beide Hände und tat wie der Löwe es ihn geheißen hatte. Er schlug sie fest auf des Löwen Haupt und das Blut lief ihm über die Wangen.

Darauf spach der Löwe: »Und jetzt will ich Dich nicht mehr in meinem Dschungel sehen. Hau ab! Wenn ich Dich hier noch einmal sehe, dann wirst Du mir eine willkommene, leckere Mahlzeit sein! Jetzt verschwinde!«

Nach Monaten, als die Wunde auf dem Kopf des Löwen geheilt war, suchte der Löwe den Mann überall, bis er ihn fand. Er trat zu ihm und sagte: »Hab keine Angst vor mir! Ich bin gekommen, damit Du mir sagst, ob die Wunde, die Du mir auf mein Verlangen hin auf dem Kopf beigebracht hast, geheilt ist oder nicht.« Der Mann, etwas beruhigt, kam näher zum Löwen, schaute die Wunde an und sagte: »Sie ist schon geheilt, aber da ist nur noch eine kleine Narbe!« »Ja, eine kleine Narbe ist auf meinem Kopf, aber eine große, nicht verheilte Wunde ist immer noch in meinem Herzen über Deine Worte!«

»Rihna indkum wa – dschena.« *Wir waren bei Euch und sind wieder zurück, schloss meine Großmutter ihr Märchen. Und läge mein Haus in der Nähe von Deinem, hätte ich drei Säcke voll Rosinen mitgebracht: den ersten für die Frau, die Dich und Deine Geschwister morgen mitnimmt ins Grüne, und den zweiten für die Frau, die für Dich heute frische Fische kaufen wird, und den dritten für die Frau, die Dein Fahrrad zur Reparatur bringen muss.*

Das kleine Mädchen

Aku Maku …

Es war einmal, vor vielen Jahren – mag Gott in Gnade uns bewahren – ein kleines Mädchen, das in einem kleinen Häuschen lebte. Eines Tages kehrte es den Fußboden und fand ein kleines Geldstück. Das Mädchen nahm es auf und legte es in eine kleine Schachtel. Da geschah es, dass ein kleiner Dieb durch das kleine Tor ins Haus kam und das Geldstück aus dem Schächtelchen nahm. Einige Tage gingen vorüber und das kleine Mädchen öffnete die Schachtel und siehe da, sie war leer.

Darauf ging es zum Richter und erzählte ihm den ganzen Vorfall. Der Richter sprach zu ihm: »Lege in die kleine Schachtel Lehm, verstecke Bienen in der Wand des Zimmers hinter einem kleinen Loch und setze einen Skorpion auf den Fußboden. Dann lege in den Wasserkrug eine Schlange und setze auf das Hausdach einen Hahn.« Das Mädchen machte alles genau so, wie der Kadi, der Richter, zu ihr sagte.

Eines Tages kehrte der kleine Dieb zurück, um wieder etwas zu stehlen. Er öffnete die Schachtel und steckte seine Hand hinein, so dass sie mit Lehm beschmutzt wurde. Darauf ging er zum Wasserbecken an der Wand, um seine Hand zu säubern, daraufhin die Bienen aus der Wand flogen und ihn stachen. Erschrocken sprang er zurück und legte sich auf den Fußboden, um sich zu kratzen, als ihn der Skorpion stach. Da hob er seinen Kopf empor, um Gott zu bitten, ihn von den Stichen zu heilen, doch bevor er auch nur ein Wort sagen konnte, tropfte der Mist des Hahns auf seinen Kopf.

Läge mein Haus in der Nähe von Deinem, hätte ich drei Säcke voll Rosinen mitgebracht, den ersten für die Frau, die Dir Deine Lieblingsspeise Fisch kochen wird, und den zweiten für die Frau, die Dich morgen zu einer Hochzeit mitnehmen wird, und den dritten für die Frau, die Dir ein neues Bett kaufen wird.

Die Greisin und das Schaf

Aku Maku ...

Es war einmal vor langer Zeit eine alte Frau, die ein Mutterschaf mit einem Lamm hatte. Zwei Mal täglich melkte die Greisin das Mutterschaf – am Morgen und am Abend. Vor jedem Melken band sie das Lämmchen an der Wand fest. Eines Tages riss das Lämmchen das Seil durch und lief zu seiner Mutter, um Milch zu trinken. Die Alte ging zu dem Lamm, nahm es am Seil und schob es so heftig beiseite, dass sie selber zu Boden fiel. Da wurde die Alte wütend, stand auf und lief nach draußen, um einen Stock zu holen, mit dem sie das Lamm schlagen wollte.

Als sie zurückkam, sah sie das Kleine schon wieder beim Milch saugen. Sie holte mit dem Stock aus, aber das Lamm sprang weg, um nicht getroffen zu werden. Daraufhin fiel der Greisin der Stock zu Boden und zerbrach in tausend Teile. Ein Splitter traf die Hand der Frau und verwundete sie. Außer sich vor Wut, packte sie das kleine Schaf und biss in sein Ohr. Dies tat dem Schäfchen so weh, dass es voller Schmerz in die Höhe sprang und der alten Frau einen Zahn zerbrach. Vor Schreck fiel diese rückwärts auf eine Lampe. Die Lampe – voll mit Petroleum – fiel auf einen Korb, in dem kleine Küken mit ihrer Mutter saßen. Alles brannte lichterloh. Einige der Küken flohen mit Funken im Federkleid unter den Bettzeugtisch, der sofort Feuer fing. Im Nu loderte und brannte es weit und breit.

Da fing die Greisin an zu schreien: »Yabu! Yabu! Yabu!« So dass alle Leute zu ihr rannten und das Feuer löschten. Das kleine Schäfchen aber lief mit seiner Mutter aus dem Stall hinaus, ebenso wie die Küken mit ihrer Mutter und wurde nie mehr gesehen. Endlich hatte die Alte ihre Ruhe.

Läge mein Haus in der Nähe von Deinem, hätte ich drei Säcke voll Rosinen mitgebracht, den ersten für die Frau, die Dir noch weitere Geschichten erzählen wird, den zweiten für die Frau, die nie ihre Haare vor Deinem Vater kämmt, und den dritten für die Frau, die heute schon Dein Bett auf das Dach gelegt hat.

Der Kopf des Freundes

Es war einmal ein Freund von Dschuha, der mit ihm gemeinsam zum Jagen gehen wollte. Die Zeit war günstig, um Wölfe zu jagen. Die beiden Freunde gingen bereits vor dem Aufgehen der Sonne aus dem Haus, um der großen Hitze des Tages zu entgehen. Plötzlich sahen sie einen großen, langhaarigen Wolf und dachten bei sich: »Der Wolf wird uns wegen seiner langen Haare viel Nutzen bringen wenn wir ihn töten.«

Sie verfolgten den Wolf lange Zeit, bis er seinen Bau erreichte und darin verschwand. Dschuhas Freund wollte von seinem Plan, den Wolf zu töten nicht ablassen und steckte seinen Kopf in das Loch der Wolfshöhle hinein. Dschuha stand daneben und wartete. Die Zeit verging und der Freund blieb, wo er war. Sein Kopf steckte in dem Höhlenloch und sein Körper verharrte regungslos davor.

Nachdem weitere Minuten vergangen waren, wurde Dschuha ungeduldig und sagte zu sich: »Ich muss herausfinden, was passiert ist.« Er näherte sich seinem Freund und zog ihn zurück.

Da fiel der Körper seines Freundes nach hinten und zu seinem großen Entsetzen fehlte der Kopf. Dschuha wunderte sich sehr, wo der Kopf geblieben war? Er fing an nachzudenken und er hat viel darüber nachgedacht. Jedoch fand er keine Lösung dafür und keine Antwort über den vermissten Kopf. Was für ein misslichen Ausgang hatte doch diese Jagd genommen. Dschuha fing an sich zu ärgern. Doch es blieb ihm nichts anderes übrig, als alleine zurück in die Stadt zu gehen. Er ging direkt zum Haus seines Freundes und klopfte an die Tür.

Hinter einem Türvorhang steckte die Gattin des Freundes ihren Kopf hervor und sagte: »Ja, bitte?« »Bei Gott«, fragte Dschuha, »sag mir bitte, hat Dein Mann heute morgen, als er mit mir zur Jagd ging, seinen Kopf mitgenommen?«

Läge mein Haus in der Nähe von Deinem, hätte ich drei Säcke voll Rosinen mitgebracht, den ersten für die Frau, die Dir Joghurt aus frischer Milch machen wird, den zweiten für die Frau, die Dich morgen zum Friseur bringt, und den dritten für die Frau, die Dich heute schon zu des Königs Ghazi Garten mitnimmt, weil Du frische Luft brauchst.

Der Schatz – das Glück liegt dort, wo man es nicht vermutet

Aku Maku ...

Es war einmal ein sehr reicher Mann, der wohnte in Bagdad. Aber die Armut kam über ihn und sie verschlang alles, was er besaß. Er fing an daran zu denken, Betteln zu gehen, um am Leben zu bleiben. Allein der Gedanke fiel ihm sehr schwer und er zögerte, es in die Tat umzusetzen. Betteln oder nicht betteln! Und wenn nicht, wie würde er weiter am Leben bleiben? Vor Kummer und Sorgen überkam ihn der mächtige Sultan des Schlafes. Im Traum erschien ihm ein Mann, der sprach: »Fahre nach Ägypten, dort wirst Du einen Schatz finden!«

Der Mann fand den Traum unglaublich. Sollte er wahr sein oder nicht? Da der Traum ihm aber Hoffnung gab, und von der Hoffnung lebt der Mensch, begab er sich auf den Weg nach Ägypten. Nach etlichen Tagen kam er dort an, sehr erschöpft und hungrig. Doch keine Tür wurde ihm geöffnet. Es blieb ihm nichts anderes übrig, als die Nacht in einer Moschee zu verbringen. Aber das schielende, ungerechte Schicksal verfolgte ihn unaufhörlich, diesmal in Form einer Diebesbande, die schnell durch den Innenhof der Moschee rannte, über das Dach kletterte und hinter dem Nachbarhaus verschwand. Die Polizei immer hinterher – aber vergebens! Nicht ein einziges Haar der Diebe ging der Polizei ins Netz.

Da die Polizisten den Träumer gesehen hatten, waren sie froh, wenigstens ihn festnehmen zu können unter dem Vorwand, er sei einer der Diebe. Ohne Frage und Antwort schlug der Chef der Polizei ihn mit einem kleinen Stock. Danach erst fragte er ihn, ob er einer der Diebe sei und was er bei Nacht in der Moschee verloren hätte. Der Träumer antwortete, dass er aus Bagdad komme und kein Quartier fand, deswegen schlief er in der Moschee, als die Diebe durch den Hof eilten.

»Aus Bagdad, sagst du?«

»Jawohl! Schlage mich bitte nicht mehr, denn ich habe hiermit nichts zu tun!«

»Kannst Du mir sagen, warum Du aus Bagdad hierher gereist bist?«

»Ich träumte, ein Schatz würde hier auf mich warten! Aber es scheint mir, der versprochene Schatz sind Deine Schläge!«

Da lachte der Polizeichef und mit ihm die anderen Polizisten.

»Was bist Du doch für ein Esel! Du glaubst noch an Träume? Das gibt es doch nicht! Du kommst aus dem weiten Bagdad hierher, wegen eines Traumes? Vor Jahren hatte ich auch einmal so einen Traum. Nur träumte ich, dass ein Schatz bei einem Haus in Bagdad, Deiner Stadt, vergraben liegt. Er würde auf mich warten, unter einem großen Maulbeerbaum, in diesem und jenem Bezirk, in dieser und jener Straße. Aber da ich nicht so dumm bin wie du, bin ich natürlich nicht nach Bagdad gereist, sondern hier geblieben, denn es war doch nur ein Traum … Aus Bagdad bist du? Komm, Du Träumer, nimm diese paar Groschen und verschwinde nach Hause in Deine Stadt!«

Der Träumer war verblüfft und glaubte seinen Ohren nicht. Ihm lachte das Herz im Leibe, denn der Maulbeerbaum, den der Polizist beschrieb und die Straße und der Bezirk, der dem Polizisten im Traum erschienen war, waren eine genaue Beschreibung seines eigenen Hauses und seines eigenen Baumes in seiner

Heimatstadt Bagdad. Vor Freude darüber konnte er nicht mehr schlafen, seine Schmerzen und seine Müdigkeit waren verschwunden. Schon vor Sonnenaufgang, sofort nach dem Morgengebet, fuhr er mit der Karawane zurück in seine Heimat. Er gab dem Karawanenführer die Groschen des Polizisten und versprach dem Besitzer der Karawane, ihm die Kosten seiner Reise in Bagdad zu bezahlen. Angekommen, ging er eilig nach Hause. Er küsste die Tür und den Baum, nahm einen Spaten zur Hand, krempelte die Ärmel hoch und begann unter dem Baum zu graben. Und siehe da, der Schatz wartete in seinem eigenen Haus auf ihn und lag schon lange zu seinen Füßen.

Läge mein Haus in der Nähe von Deinem, hätte ich drei Säcke voll Rosinen mitgebracht, den ersten für die Frau, die Dich morgen zum Flohmarkt mitnehmen wird, den zweiten für die Frau, die Dich gerne mit einem Kuss zu Bett bringt, und den dritten für die Frau, die hofft, dass Du ihr eines Tages helfen kannst, die Pilgerfahrt nach Mekka zu unternehmen.

Der blinde Gastgeber

Aku Maku…
Es war einmal, vertrau auf Gott.

Es war einmal ein Reisender, der eine andere Stadt besuchen musste, um eine wichtige Angelegenheit zu erledigen. Nachdem er dies vollbracht hatte, ging er gegen Mittag in die Moschee, um zu beten. Als er mit dem Gebet fertig war, ging er nach draußen, um auf die Karawane zu warten, die ihn wieder nach Hause bringen sollte. Er setzte sich unter den Schatten eines Baumes und sah den Händlern des Bazars bei ihrem geschäftigen Treiben zu.

Plötzlich kam ein Blinder daher, der seinen Weg mit einem Stock ertastete. »Salam alaikum!«

»Wa alaikum as-salam!«

Der Blinde setzte sich neben den Reisenden.

»Du bist ein Fremder hier! Und ich bin zu Dir gekommen, damit Du mich begleitest und bei mir zuhause mit mir zu Mittag isst!«

»Ich soll Dich zum Essen begleiten? Verrate mir, woran hast Du erkannt, dass ich ein Fremder bin?«

»Es ist doch so … «, sprach der Blinde, »es ist Mittagszeit, denn das Mittagsgebet ist vorbei. Jeder Mensch, der in der Moschee war, ist schon nach Hause gegangen, um zu essen und seine Siesta zu genießen. Aber Du bist vor der Moschee geblieben und das bedeutet, dass Du hier kein Zuhause hast! Daher wusste ich, dass Du nicht von hier bist.«

Der Reisende entschuldigte sich bei dem Blinden und sagte: »Ich warte auf die Karawane und gehe gerne mit Dir in Dein Haus zum Essen.«Der Blinde bedankte sich bei ihm und antwortete: »Seit ich zum jungen Mann herangewachsen bin, kann ich nicht alleine essen. Ich muss irgend einen Gast finden, der mit mir isst. Deshalb bin ich immer auf der Suche nach diesem Gast. Jeden Tag komme ich zur Moschee, um zu beten und einen Gast zu finden. Wenn Gott will, finde ich einen Fremden, der mir die unschätzbare Freude schenkt, das Mahl mit mir zu teilen! Und wenn ich keinen Fremden finde, dann halte ich irgend jemanden auf der Straße an und bitte ihn, gemeinsam mit mir zu speisen.«

Der Reisende war sehr bewegt, und Tränen der Dankbarkeit traten in seine Augen. Er ging mit dem Blinden zum Essen, denn er wusste, dass Geben den segnet, der gibt, wie auch den, der nimmt.

Läge mein Haus in der Nähe von Deinem, hätte ich drei Säcke voll Rosinen mitgebracht, den ersten für die Frau, die morgen eine Kuh schlachten lassen wird am Opferfest, den zweiten für die Frau, die das Fleisch der Kuh an Nachbarn und andere Familien verteilen wird, und den dritten für die Frau, die zwei Deiner goldenen Fingerringe* verkaufen wird, damit sie davon den Preis der Kuh bezahlen kann.

*Familien, die in der Angst leben, ihre Kinder könnten früh sterben, geloben Gott, ihrem neugeborenen Kind Goldschmuck zu kaufen. Sobald dann das Kind das Knabenalter erreicht hat, verkaufen sie die Schmuckstücke und verteilen den Erlös an arme Leute.

Die Maus

Aku Maku ...
Es war einmal ein Märchen und doch keines. Dies erzählte
mir meine Großmutter Chadischa nicht, wie die anderen.
Nein dieses Märchen erlebte ich mit ihr, als ich ein kleiner
Junge war.

Es war einmal ein kleiner Junge und der Junge war
ich. Es war an den ersten drei Tagen in der ersten
Woche des Monats Juni im Jahre 1941. In jenen Tagen
herrschte viel Bewegung in dem Hause meiner Großmutter in Bagdad. Es wurde sehr viel gekocht und alle
arbeiteten ungewöhnlich viel. Eines Nachmittags bemerkte ich meine Großmutter, wie sie eine große
Platte voll mit den verschiedensten Speisen, mit Tel-
lern und Tassen, und heißem Tee in den Keller tragen
wollte.

»Großmutter, wohin gehst Du mit den Speisen?«

»Ich gehe damit in den Keller!«

»Aber warum gehst Du damit in den Keller?«

»Im Keller gibt es eine Maus und sie hat großen
Hunger. Doch komme nicht hinterher!«

Kaum war meine Großmutter im Keller verschwunden, lief ich schnell zur Kellertür, denn ich hatte noch
nie eine lebende Maus gesehen. Die alte Treppe, die
nach unten führte, hatte acht Stufen und meine Beine
waren noch zu kurz dafür. Ich musste mich auf die erste
Stufe setzen und dann meine Beine nach unten stre-
cken, und so Stufe für Stufe nach unten rutschen, während meine linke Hand sich an der kalten Wand
abstützte.

Als ich schließlich unten war, kam meine Großmutter mir entgegen gelaufen und sprach: »Du hast nicht gehört und bist trotzdem gekommen! Na gut, komm setz Dich zu uns!«

»Wo ist die Maus, Großmutter?«

»Die Maus, sie hat etwas gefressen und ist wieder weg!«

Ich sah an meiner Großmutter vorbei und erblickte eine Frau mit ihren beiden Töchtern und ihrem Ehemann. Die Frauen waren gekleidet, wie meine Großmutter – schwarz. Sie fingen gerade erst an zu essen. »Komm, setz Dich zu uns«, wiederholte meine Großmutter ihre Worte. Über diesen überraschenden Besuch in unserem Keller habe ich mich sehr gefreut und die Maus war bald vergessen. Ich setzte mich neben meine Oma und fing an mit ihnen gemeinsam zu essen.

»Rihna indkum wa – dschena – wir waren bei Euch und sind wieder zurück.« Dies sagte meine Großmutter dieses Mal nicht, auch gab es in dieser Geschichte keine Rosinen und leider auch keine Maus. Jahre vergingen und erst mit der Zeit und langem Nachdenken über jenen seltsamen Nachmittag begriff ich, was sich dort auf der Bühne des Lebens abgespielt hatte. Die vier unerwarteten Besucher waren Juden aus der Nachbarschaft. Es gab damals einige Tage lang ein Pogrom gegen Juden in Bagdad, weshalb meine Großmutter diese Leute im Keller versteckte, was gefährlich war. In jenen Tagen durfte keiner das Haus verlassen oder betreten, ohne dass die Großmutter die Türe aufgeschlossen hatte. Den Schlüssel für die Türe verwahrte sie beim Schlafen unter ihrem Kopfkissen. Keiner ihrer Söhne, deren Frauen oder der erwachsenen Kinder durfte in jenen Tagen ohne ihre Erlaubnis das Haus verlassen oder betreten. Alles verlief, wie sie es wollte und es verlief sehr friedlich.

Dies war eine unvergessliche Begebenheit in meinen Kindertagen, für die ich meiner Großmutter Chadidscha sehr dankbar bin, denn damit gab sie mir eine gewissenhafte und vorbildliche Lehre der Nächstenliebe.

Chadidscha Hassan

Um 1887 als Tochter eines Kaufmanns in Mosul/ Nordirak geboren, verheiratet mit wiederum einem Kaufmann in Bagdad, zwei Söhne und eine Tochter. Ihr Mann fiel 1914 im Krieg zwischen dem Osmanischen und dem Zarenreich. So wurde Chadidscha Familienoberhaupt und setzte sich vehement dafür ein, dass ihre beiden Söhne einen Beruf erlernten. Ihre Tochter Na'ima gab sie Cousin Abdallah Mustafa in Mosul zur Frau. Aus der Ehe stammen vier Kinder. Eines davon ist Najim A. Mustafa, der zweite Verfasser der Märchen dieses Buches.

Als Na'ima nach der Geburt ihres vierten Kindes starb, kümmerte sich Chadidscha aufopferungsvoll um ihre Enkelkinder. Sie war wegen ihrer Güte, Freundlichkeit und Freigebigkeit höchst geachtet und galt – obwohl Analphabetin – als weise Ratgeberin und »zweifüßige Bibliothek«. Ihre Märchenerzählkunst wird als legendär beschrieben.

Chadidscha starb 1970 in Bagdad in zufriedener Gewissheit, dass ihre Kindeskinder Lesen und Schreiben gelernt und ein Studium an der Universität absolviert haben.

Chadidscha Hassan

Najim Abdallah Mustafa

1929 als Sohn von Abdallah und Na'ima Mustafa, Chadidschas Tochter, in Bagdad geboren. Besuch der Grund- und Mittelschule, 1949/1950 Abitur in Bagdad. Danach Studium der englischen Sprache an der Universität Bagdad, 1954-1962 Englischlehrer an verschiedenen Gymnasien im Irak. 1962 Auslandsstudium der Anglistik und Orientalistik an der Universität Heidelberg. 1972 bis 1983 Dozent für englische und persische Sprachen an der Universität Constantine in Algerien und Bengazi in Libyen.

Seit 1983 lebt Najim Mustafa, alias »Nadschumi«, mit seiner Frau Krystyna in der Brüder-Grimm-Stadt Hanau/Hessen. Er übersetzt und gibt orientalische - vor allem arabische – Literatur heraus.

Die Geschwister Najim Abdallah, Sadschida und Mustafa Mustafa in Heidelberg 1963

Abd – der Sklave. Die Familie des Kindes, das beschnitten wird, lädt manchmal ein anderes Kind einer ärmeren Familie ein, das auch beschnitten werden soll, um Solidarität zu zeigen. In diesem Fall war der junge Abd eingeladen.

Scheich Abdul Qadir al-Gilani (1077-1166) – einer der größten Sufis, Asketiker und Gelehrten der islamischen Welt. Geboren in der Provinz Gilan (heute Iran) und begraben in Bagdad, wo er studierte und lehrte. Sein Mausoleum wird von vielen Muslimen aus aller Welt besucht. Im Hof der Grabstätte wird täglich für arme Menschen gekocht. Seit Generationen zählt sein Mausoleum zu den bedeutenden Wallfahrtsorten der frommen Sufis.

Al Adhamiyah – einer der ältesten Bezirke von Bagdad mit heute rd. 300.000 Einwohnern.

Aku Maku – sumerisch-akadisch für »Es war einmal...«. Die Redewendung wird nur im irakischen Dialekt verwendet.

Ambra – graue, wachsartige Substanz aus dem Verdauungstrakt von Pottwalen, wurde zeitweise in Gold aufgewogen und bei der Herstellung von Parfüm verwendet. Im Märchen will der Bruder zeigen, dass seine Schwester das teuerste und wertvollste ist, was er besitzt.

Amrutanjan – ayurvedischer Schmerzbalsam aus Kräutern gegen Kopf- und Muskelschmerzen.

Bagdad – Hauptstadt des Irak. Liegt am Tigris und wurde 762 als »Stadt des Friedens« von dem Abbesiden al-Mansur als Kapitale seines Kalifats gegründet. Heute leben hier ca. 5,4 Millionen Einwohner.

Balad – Stadt am Tigris, ca. 110 km nördlich von Bagdad in der Nähe von Samarra.

Chadidscha – Name meiner Großmutter, leitet sich von Chadadscha ab = frühgeborenes Kind. Auch bis zu ihrem Tode erste Frau Mohammeds, Mutter der Gläubigen.

Datteln – Im Irak wurden früher viele Datteln angebaut. Durch die Kriege seit 1980 sind viele Dattelhaine untergegangen.

Dohuk – Stadt im Norden Iraks in der Region Kurdistan, rd. 470 km von Bagdad entfernt.

Dschindschil – Name der kleinen männlichen Gazelle.

Dschanadschil – Name der kleinen weiblichen Gazelle. Die Namen werden lautmalerisch verwendet; die Glöckchen an ihrem Hals weisen der Mutter-Gazelle den Weg zu ihnen.

Dschuha – berühmter arabischer Eulenspiegel, ein weiser Narr, auch in der türkischen Märchenliteratur bekannt. Die rd. 500 Anekdoten über ihn gehören zur arabischen Volksliteratur.

König Ghazi (1912-1939) – Sohn von König Faisal I., regierte von 1933 an, starb bei einem Autounfall.

Hulwa – Name unserer Nachbarin, bedeutet »die Schöne«. Sie war mit einem Mann verheiratet, der noch zwei weitere Frauen hatte. Es gab oft Ehestreit. Meine Großmutter Chadidscha gewährte ihr und den Kindern ein- oder zweimal eine Übernachtungsmöglichkeit. Sie versuchte auch als Friedensstifterin zwischen den Eheleuten zu vermitteln. Ihr hohes Alter war dafür maßgebend; sie wurde in dieser Rolle akzeptiert.

Kafi – Hulwas Mann. Sein Name bedeutet »genug«. Durch die Namenswahl wurde offensichtlich dokumentiert, dass die Mutter keine weiteren Kinder haben wollte.

Kaukab – eine christliche Witwe, die in unserem Haus wohnte. Sie hatte fünf Töchter und einen Sohn.

Mosul – zweitgrößte Stadt des Irak am Tigris, etwa 350 km nördlich von Bagdad gelegen, Hauptstadt der Provinz Ninawa/Ninive.

Nadschumi – Verkleinerungsform von Najim. Najim bedeutet »Stern«, Nadschumi »Sternchen«.

Namen – Jeder Name im Arabischen leitet sich von einem Verb ab. Namen ohne Verbenursprung sind nicht arabisch, wie Yousif, Lot, Noah, Ibrahim, Isaak, Isa, Jesus etc.

Qaraqusch – ein bekannter Söldnerführer und Tyrann aus dem 12. Jahrhundert, sein Name steht für Ungerechtigkeit und Verderben.

Dr. Baithon Rassam – ein begabter christlicher Arzt in Bagdad und guter Freund der Familie Hassan/Mustafa.

Sadschida – Schwester von Najim und Mustafa Mustafa. Der Name leitet sich von dem Verb sadschada ab = Gott anbeten. Mustafa stammt von istafa = erwählen, der Erwählte.

Sichel – nach der Beschneidung sagen verwandte Frauen zum Knaben im Scherz, dass noch eine zweite folgen würde – und zwar mit einer Sichel!

Schudschaa – die Tapferkeit, abgeleitet von schadschadschaa = ermutigen. Der Mann ist so furchtlos, dass er »Mut« genannt wird.

Yabu – »Oh Väterchen«, ein Hilferuf bei Feuer und Diebstahl.

Zamzam – Brunnen im Hof der großen Moschee von Mekka. Pilger trinken das Zamzam-Wasser vor Ort im Rahmen des Wallfahrtrituals und bringen kleine Mengen mit nach Hause.

Weitere Bücher und Hörbücher finden Sie in unserem Verlagsprogramm,
das wir gerne kostenlos zusenden, oder auf unseren Internetseiten.

vmn
Verlag M. Naumann

E-Mail: info@vmn-naumann.de
Im Internet finden Sie uns unter: www.vmn-naumann.de